Edgar Allan Poe

Der Untergang des Hauses Usher und andere Kurzgeschichten

In Einfacher Sprache

Inhalt

Die Maske des Roten Todes

Der „Rote Tod“ hatte das Land lange heimgesucht. Keine Krankheit war so tödlich und so hässlich. Blut war ihr Zeichen und ihr Kennzeichen. Es gab stechende Schmerzen und plötzliches Schwindelgefühl. Dann kam es zu starken Blutungen aus der Haut. Daran musste man sterben. Die roten Flecken auf dem Körper und vor allem im Gesicht kennzeichneten das Opfer. Bei diesen Zeichen wollten andere nicht mehr in ihrer Nähe sein. Die Krankheit breitete sich aus und tötete die Menschen innerhalb von einer halben Stunde.

Aber Prinz Prospero war glücklich, mutig und weise. Die Hälfte der Menschen war schon gestorben. Da rief er tausend gesunde und gut gelaunte Freunde zusammen. Es waren Ritter und Damen von seinem Hof. Sie versammelten sich in seiner großen Abtei wie in einer Burg. Der Fürst hatte dieses Gebäude selbst entworfen. Es entsprach seinem merkwürdigen Geschmack. Eine hohe Mauer umgab es. Die Mauer war mit eisernen Toren versehen. Drinnen schlossen sie mit Öfen und schweren Hämmern die Tore. Niemand sollte herein- oder herauskommen. Die Abtei hatte genug zu essen. Mit diesen Maßnahmen fühlten sie sich vor der Krankheit sicher. Sie wollten von der Außenwelt nichts mehr wissen. In der Zeit fanden sie es dumm, traurig zu sein oder zu viel nachzudenken.

Der Prinz hatte für Unterhaltung gesorgt. Drinnen gab es Clowns, Geschichtenerzähler, Tänzer, Musiker, Schönheit und Wein. Drinnen war es sicher. Draußen war der „Rote Tod“.

Gegen Ende des fünften oder sechsten Monats in seiner Einsamkeit veranstaltete Prinz Prospero einen großen Maskenball. Die Krankheit draußen war gerade sehr schlimm.

Der Ball war sehr schick. Ich möchte Ihnen etwas über die Zimmer erzählen. Es gab sieben Zimmer in einer königlichen Suite. In vielen Palästen sind solche Suiten lang und gerade. Diese lassen sich an den Wänden zurückschieben. Dann kann man die ganze Suite sehen. Hier war es anders. Denn der Herzog mochte seltsame Dinge. Man konnte immer nur ein Zimmer auf einmal sehen. Denn alle paar Meter gab es eine scharfe Kurve. Jede Kurve hatte ein neues Aussehen. In der Mitte jeder Wand befand sich ein hohes schmales gotisches Fenster. Diese Fenster gaben den Blick auf einen geschlossenen Gang frei. Der Gang folgte den Windungen der Suite. Die Fenster waren mit buntem Glas versehen. Das Glas passte zu den Farben des Zimmers.

Der erste Raum war blau. Auch die Fenster waren blau. Das zweite Zimmer hatte violette Verzierungen und violette Fenster. Das dritte Zimmer war grün, und seine Fenster waren grün. Das vierte Zimmer hatte orangefarbene Verzierungen und Licht. Das fünfte Zimmer war weiß. Das sechste Zimmer war violett. Das siebte Zimmer hatte schwarze Teppiche aus Samt. Diese Teppiche bedeckten die Decke und die Wände. Sie bedeckten auch den Boden. Die Fenster in diesem Raum waren rot wie Blut. In keinem der sieben Zimmer gab es Lampen oder Kerzen. Es gab viele goldene Verzierungen. In den Zimmern gab es kein Licht von Lampen oder Kerzen. In den Gängen standen schwere Ständer mit Feuern. Diese Feuer leuchteten durch die farbigen Fenster. Dadurch wirkten die Räume hell und seltsam.

In dem schwarzen Raum sah das Licht des Feuers besonders unheimlich aus. Es leuchtete durch rote Fenster auf dunklen Wänden. Es ließ die Menschen wild aussehen. Nur wenige trauten sich hinein.

In diesem Raum stand an der Westwand eine große schwarze Uhr. Ihr Pendel schwang mit einem dumpfen schweren Geräusch. Nach jeder Runde des Minutenzeigers schlug die Uhr die Stunde. Dann gab die schwere Uhr einen klaren, satten, tiefen und musikalischen Ton von sich. Der Klang war sehr speziell. Die Musiker hörten jede Stunde auf zu spielen und hörten zu. Auch die Tänzer hörten auf zu tanzen. Das ganze Fest hielt kurz inne. Beim Schlagen der Uhr wurden selbst die fröhlichsten Menschen blass. Ältere und ruhigere Menschen schlugen die Hände über ihre Köpfe zusammen und verharrten wie bei einer Meditation.

Das Echo verstummte. Dann erfüllte wieder helles Gelächter den Raum. Die Musiker sahen sich an und lächelten. Sie fühlten sich nervös und albern. Sie flüsterten sich zu, beim nächsten Mal ruhiger zu bleiben. Nach sechzig Minuten läutete die Uhr erneut. Das gleiche Gefühl der Unruhe kehrte zurück.

Trotzdem war das Fest groß und fröhlich. Der Herzog hatte einen besonderen Geschmack. Er liebte Farben und Effekte. Er ignorierte die einfachen Regeln der Mode. Seine Pläne waren kühn und bunt. Manche hielten ihn für verrückt. Seine Anhänger kannten ihn besser. Sie mussten ihn nur sehen und hören und berühren. Dann konnten sie sicher sein.

Der Herzog entwarf einen Großteil der Dekoration für die sieben Räume des Festes. Sein Geschmack prägte auch die Kostüme. Die Kostüme waren seltsam und auffallend. Es gab helle Lichter und seltsame Muster. Einige Kostüme hatten nicht zusammenpassende Teile. Andere sahen aus wie der Traum eines Verrückten.

Es gab viel Schönes, viel Wildes, viel Seltsames und manches Schreckliche. Manche Dinge waren abstoßend. Durch die sieben Räume bewegten sich Träume. Die Träume drehten sich und wechselten die Farben mit den Räumen. Die Träume schienen im Rhythmus der Musik zu gehen. Dann schlug die Ebenholzuhr in der Halle. Einen Moment lang war alles still und leise. Bis auf die Uhr. Die Träume erstarrten. Das Echo des Glockenspiels verblasste schnell.

Leises Lachen folgte dem Echo. Die Musik setzte wieder ein. Die Träume bewegten sich und drehten sich fröhlicher und wechselten ihre Farben mit dem Licht der Fenster. Aber niemand ging in den westlichsten Raum.

Die Nacht war zu Ende. Rotes Licht leuchtete durch die blutfarbenen Fenster. Die schwarzen Vorhänge erschreckten die Menschen. Wenn man auf den schwarzen Teppich trat, kam ein feierliches Glockengeläut. Dieser Glockenschlag war lauter als jedes andere Geräusch in den anderen Räumen.

Die anderen Räume waren sehr überfüllt. Dort herrschte reges Treiben. Die Party dauerte bis Mitternacht. Dann schlug die Uhr. Die Musik hörte auf. Die Tänzer hörten auf. Alles war wieder still. Die Uhr schlug zwölf Mal. Die Menschen hatten mehr Zeit zum Nachdenken.

Und dann passierte es. Vor dem letzten Glockenschlag bemerkten die Leute eine maskierte Gestalt. Keiner hatte sie zuvor gesehen. Gerüchte verbreiteten sich über die neue Gestalt. Erst erhob sich ein Summen, dann ein Murmeln, und am Ende Schrecken, Entsetzen und Abscheu.

Normalerweise würde solch eine Sache keine solche Reaktion hervorrufen. Die Regeln der Party waren sehr locker. Aber diese Figur ging zu weit. Sogar für die Regeln des Prinzen.

Jeder Mensch hat Gefühle. Und sogar die Lockersten unter ihnen machen über bestimmte Dinge keine Witze. Für die ganze Gruppe war klar: Das Kostüm des Fremden war nicht witzig und auch nicht passend. Die Gestalt war groß und dünn. Sie war gekleidet wie mit einem Fuß im Grab. Die Maske war wie ein totes Gesicht. Sie sah wie echt aus. Die Partybesucher hätten das vielleicht noch in Ordnung gefunden. Aber: Der Fremde war als der Rote Tod gekleidet. Seine Kleidung war blutverschmiert. Sein Gesicht war mit roten Flecken übersät.

Prinz Prospero sah diese Gestalt und erschauderte vor Angst oder Ekel. Dann wurde er zornig. „Wer wagt es?“, fragte er die Leute in seiner Nähe. „Wer beleidigt uns mit diesem Spott? Fangt ihn und entlarvt ihn! Dann werden wir ihn bei Sonnenaufgang hängen!“

Prinz Prospero stand in dem blauen Raum. Er sprach laut und deutlich. Er winkte mit der Hand. Die Musik hörte auf. Der Prinz erschien kühn und stark.

Er stand mit sehr bleichen Hofdienern an seiner Seite. Sie bewegten sich vorsichtig auf den Eindringling zu. Aber der Eindringling kam ihnen näher und ging langsam auf den Prinzen zu. Keiner wollte ihn aufhalten. Er ging ohne Probleme an dem Prinzen vorbei.
Die Menge zog sich an die Wände zurück. Der Eindringling ging durch jeden Raum. Er ging von blau zu lila, dann grün, orange, weiß und violett. Niemand hielt ihn auf.

Prinz Prospero wurde sehr wütend und schämte sich wegen seiner eigenen Feigheit. Er rannte durch die sechs Zimmer. Niemand folgte ihm. Denn alle hatten große Angst.

Er hielt einen erhobenen Dolch in der Hand und bewegte sich schnell auf die Gestalt zu. Sie entfernte sich immer weiter.
Doch er kam ihr immer näher. Da drehte sich die Gestalt um.
Die Maske sah ihn an. Man hörte einen spitzen Schrei.
Der Dolch fiel auf den schwarzen Teppich. Prinz Prospero fiel tot um.
Mit dem Mut der Verzweiflung stürzten einige der Nachtschwärmer in den schwarzen Raum. Sie packten die große reglose Gestalt neben der Ebenholzuhr. Aber darin war niemand. Sie fanden nur

leere Kleider und die Maske einer Leiche. Der Rote Tod war im Haus. Er kam wie ein Dieb in der Nacht. Einer nach dem anderen fielen die Partygäste in den von Blut getränkten Hallen um und starben. Beim letzten Toten blieb die Ebenholzuhr stehen. Die Flammen erloschen. Und die Dunkelheit und der Verfall und der Rote Tod hatten die unendliche Herrschaft über alles.

Die schwarze Katze

Ich werde jetzt eine wilde, aber einfache Geschichte schreiben. Sie werden sie nicht glauben. Aber das erwarte ich nicht. Es wäre verrückt. Denn meine eigenen Gefühle glauben es nicht einmal. Aber ich bin nicht verrückt. Und ich träume nicht.

Morgen werde ich sterben. Heute will ich meine Seele befreien. Ich möchte der Welt von einigen einfachen Ereignissen zu Hause erzählen. Diese Ereignisse haben mich erschreckt und verletzt. Ich werde sie nicht erklären. Für mich sind sie voller Schrecken. Für andere mögen sie weniger beängstigend erscheinen. Vielleicht wird ein klügerer und ruhiger Mensch diese Ereignisse normal finden.

Als Kind sahen mich die Leute als sanft und freundlich an. Wegen einem guten Herzen begannen andere mich zu hänseln. Ich liebte Tiere. Meine Eltern schenkten mir viele Haustiere. Ich verbrachte die meiste Zeit mit ihnen. Am glücklichsten war ich beim Füttern und Streicheln. Ich wuchs heran, und meine Liebe zu Tieren wuchs auch. Als Erwachsener bereiteten sie mir große Freude. Vielleicht haben Sie einen treuen Hund und Sie lieben ihn. Dann kennen Sie diese große Freude.

Die Liebe zu einem Tier hat etwas Besonderes. Sie berührt das Herz. Vor allem wenn man die armselige Freundschaft und hauchdünne Treue einfacher Menschen kennen gelernt hat.

Ich habe jung geheiratet. Meine Frau mochte auch Haustiere. Darüber war ich froh. Sie besorgte viele schöne Haustiere für uns. Wir hatten Vögel, Goldfische, einen Hund, Kaninchen, einen kleinen Affen und eine Katze.

Die Katze war groß, schön und ganz schwarz. Sie war sehr klug. Meine Frau scherzte oft, schwarze Katzen seien verkleidete Hexen. Sie hat nicht wirklich daran geglaubt. Erst jetzt erinnere ich mich wieder daran.

Der Name der Katze war Pluto. Er war mein Lieblingstier. Ich fütterte ihn, und er folgte mir überall im Haus. Ich konnte ihn kaum davon abhalten, mir nach draußen zu folgen.

Unsere Freundschaft hielt jahrelang an. Während dieser Zeit veränderte sich mein Charakter zum Schlechten. Denn ich trank zu viel Alkohol.

Ich wurde von Tag zu Tag launischer und reizbarer. Ich kümmerte mich nicht mehr um die Gefühle der anderen. Ich benutzte harte Worte gegenüber meiner Frau. Ich verletzte sie sogar. Auch meine Haustiere spürten meine schlechte Laune. Ich vernachlässigte und misshandelte sie. Aber Pluto war mir noch wichtig. Ihm tat ich nicht weh. Den Kaninchen, dem Affen und dem Hund tat ich weh. Sie brauchten mir nur zu nah kommen. Mein Alkoholproblem wurde immer schlimmer. Selbst Pluto spürte meine Wut. Obwohl er schon alt und mürrisch war.

Eines Abends kam ich sehr betrunken nach Hause. Der Kater ging mir nicht aus dem Weg. Ich schnappte ihn. Er biss mir aus Angst in die Hand. Ich wurde sehr wütend. Ein Dämon hatte von mir Besitz ergriffen. So fühlte ich es. Ich verlor die Kontrolle über mich. Ich holte ein Messer aus meiner Tasche. Ich hielt die Katze an der Kehle fest und stach ihr ein Auge aus. Heute schäme ich mich und bin entsetzt.

Am nächsten Morgen empfand ich Entsetzen und Schuldgefühle für mein Verbrechen. Aber diese Gefühle waren schwach, und meine Seele blieb dieselbe. Ich trank noch mehr Wein. Ich wollte meine Tat vergessen.

Dem Kater ging es langsam besser. Die leere Augenhöhle sah beängstigend aus. Aber er schien keine Schmerzen zu haben.
Er bewegte sich wie gewohnt im Haus. Aber er lief vor mir ängstlich weg.
Zuerst war ich traurig. Denn die Katze hatte mich geliebt.
Aber bald wurde ich wütend.

Dann verdrehten sich meine Gefühle in einen merkwürdigen Hass.
Die Philosophie kann diesen Geist nicht erklären. Aber er ist wohl ein grundlegender Teil der menschlichen Natur. Wer hat nicht schon einmal etwas Schlechtes oder Dummes getan? Gerade weil es verboten war? Brechen wir nicht oft Regeln, nur weil es Regeln sind?

Dieser Drang zum Unrecht führte zu meinem Untergang. Ich wollte mich selbst verletzen und ohne Grund Unrecht tun. Das brachte mich dazu, das unschuldige Tier weiter und weiter zu verletzen.
Eines Morgens legte ich ihm in aller Ruhe eine Schlinge um den Hals.
Ich hängte es an einen Baumast. Tränen strömten aus meinen Augen.
Mein Herz war voll von Reue. Ich hängte es auf. Nur weil ich wusste, dass es mich liebt. Er hatte nichts falsch gemacht. Und deshalb hängte ich ihn auf. Ich wusste, es war eine Sünde. Diese Sünde kann meine Seele der Barmherzigkeit Gottes entziehen.

In dieser Nacht wachte ich durch Feuerschreie auf. Meine Bettvorhänge standen in Flammen. Das ganze Haus brannte. Meine Frau, ein Dienstmädchen und ich konnten gerade noch entkommen.
Alles war zerstört. Ich verlor all mein Hab und Gut und war zutiefst verzweifelt.

Ich möchte nicht die Katastrophe mit meiner grausamen Tat in Zusammenhang bringen. Aber ich erzähle alle Fakten mit allen Details.

Am Tag nach dem Brand besichtigte ich die Ruinen. Die meisten Wände waren eingestürzt. Eine Wand in der Mitte des Hauses stand noch.

Diese Wand war nicht sehr dick. Das Kopfteil meines Bettes hatte an ihr gelehnt. Der Putz dieser Wand hielt dem Feuer weitgehend stand. Ich dachte: Weil der Putz neu war. Aber eine große Menschenmenge versammelte sich um diese Wand. Viele Leute untersuchten einen Teil davon genau. Sie sagten Worte wie „seltsam" und „eigenartig". Das machte mich neugierig. Ich ging näher heran und sah eine riesige Katzenform an der Wand. Die Form war sehr deutlich. Um den Hals der Katze war ein Seil gelegt.

Als ich das zum ersten Mal sah, war ich sehr erschrocken und erstaunt. Aber dann dachte ich darüber nach. Ich hatte die Katze in einem Garten in der Nähe des Hauses aufgehängt. Bei dem Feuer kamen die Leute in den Garten. Jemand muss die Katze abgeschnitten und sie durch ein Fenster in mein Zimmer geworfen haben. Wahrscheinlich um mich aufzuwecken.

Die einstürzenden Wände hatten den Kater in den frischen Putz gedrückt. Der Kalk, die Flammen und der Ammoniak der Leiche ergaben das Bild auf der Wand. Ich konnte es mir selbst erklären. Aber es schockierte mich trotzdem. Monatelang konnte ich die Katze nicht vergessen. Während dieser Zeit empfand ich so etwas wie Schuldgefühle. Ich bedauerte den Verlust der Katze. Ich besuchte jetzt immer mehr abscheuliche Orte. Dort suchte ich nach einem ähnlichen Haustier.

Eines Abends hockte ich halb betrunken in einer üblen Spelunke. Ich sah ein schwarzes Objekt auf einem großen Fass mit Gin oder Rum. Ich hatte das Fass schon eine Weile im Auge. Ich war überrascht. Früher war es mir nicht aufgefallen. Ich ging näher heran und berührte das Objekt. Es war eine schwarze Katze. Sie war so groß wie Pluto. Aber in einer Hinsicht anders.

Pluto hatte keine weißen Haare auf seinem Körper. Diese neue Katze hatte einen großen weißen Fleck auf ihrer Brust. Ich berührte die Katze. Sie richtete sich auf, schnurrte und rieb sich an meiner Hand. Die Katze schien sich über meine Aufmerksamkeit zu freuen. Diese Katze hatte ich gesucht. Ich wollte sie dem Besitzer abkaufen. Dem Besitzer gehörte die Katze nicht. Er wusste nichts über sie.

Ich streichelte die Katze weiter. Ich ging nach Hause. Die Katze folgte mir. Ich ließ sie mit mir gehen. Ich streichelte sie beim Gehen. Zuhause lebte sich die Katze schnell ein. Meine Frau mochte die Katze sehr.

Schon mochte ich die Katze nicht mehr. Sie entsprach nicht meinen Vorstellungen. Ich wusste nicht warum. Aber ihre Liebe zu mir ärgerte mich. Meine Abneigung wuchs zu Hass. Ich mied die Katze. Ich schämte mich und erinnerte mich an meine früheren Grausamkeiten. Also tat ich ihr nicht weh. Wochenlang schlug ich die Katze nicht und tat ihr nichts. Aber mit der Zeit hasste ich sie mehr und mehr. Ich mied sie wie eine Krankheit.

Die Katze hatte nur ein Auge. Ich merkte das und hasste das Biest noch mehr. Meine Frau liebte es dafür umso mehr. Sie hatte ein gutes Herz. So wie ich es auch einmal hatte.

Die Katze mochte mich mehr als umgekehrt. Sie folgte mir überall hin. Sie saß unter meinem Stuhl oder sprang auf meinen Knien. Sie bedeckte mich mit ihren Berührungen. Beim Spazieren geriet sie zwischen meine Füße und brachte mich fast zum Stolpern. Sie kletterte mit ihren Krallen bis zu meiner Brust.

Ich wollte es töten. Ich tat es aber nicht. Ich erinnerte mich an mein früheres Verbrechen und hatte Angst vor dem Biest.

Ich hatte keine Angst vor körperlichen Schäden. Die Katze erfüllte mich mit Angst und Schrecken. Diese Angst entstand aufgrund einer wilden Idee in meinem Kopf.

Meine Frau hatte mir schon oft von dem Zeichen der weißen Haare erzählt. Dieses Zeichen war der einzige sichtbare Unterschied zwischen dem neuen Tier und dem alten Kater. Dieses Zeichen hatte ja erst nichts zu bedeuten. Aber langsam wurde es sehr deutlich. Es sah nun aus wie etwas Unaussprechliches. Ich hasste und fürchtete das Biest wegen dieses Zeichens. Ich wollte es loswerden. Aber ich konnte nicht. Das Zeichen sah nun aus wie ein Galgen. Es war ein Symbol für Tod und Schrecken.

Ich fühlte mich so elend wie nie zuvor. Eine Bestie wie mein getöteter Kater verursachte mir große Schmerzen. Ich, ein Mensch nach Gottes Ebenbild litt so sehr. Ich konnte weder Tag noch Nacht ruhen. Tagsüber ließ mich die Bestie nicht in Ruhe. Nachts wachte ich aus schrecklichen Träumen auf und spürte seinen heißen Atem auf meinem Gesicht. Sein schwerer Körper fühlte sich an wie ein Alptraum auf meinem Herzen. Ich konnte nicht entkommen.

Unter diesem Druck hat alles Gute in mir aufgegeben. Böse Gedanken wurden meine einzigen Freunde. Meine schlechte Laune wuchs zu Hass auf alles und jeden. Ich hatte oft plötzliche wilde Wutanfälle. Meine stille Frau litt am meisten darunter.

Eines Tages ging sie mit mir in den Keller. Wir wollten etwas erledigen. Die Katze folgte uns die Treppe hinunter und brachte mich fast zu Fall. Das machte mich sehr wütend. Ich nahm eine Axt in die Hand und zielte auf die Katze. Ich vergaß meine Angst und wollte sie töten. Aber meine Frau hielt mich davon ab. Ihre Aktion machte mich noch wütender. Wie ein Dämon riss ich mich von ihr los und rammte ihr die Axt ins Gehirn. Sie fiel auf der Stelle tot um. Sie gab dabei nicht einen Laut von sich.

Ich wollte ihre Leiche verstecken. Aber ich konnte sie nicht aus dem Haus bringen ohne gesehen zu werden. Viele Ideen kamen mir in den Sinn. Irgendwann wollte ich die Leiche in kleine Stücke schneiden und sie verbrennen. Dann wollte ich ein Grab im Kellerboden ausheben. Später überlegte ich, sie in den Brunnen im Hof zu werfen. Ich wollte sie auch in eine Kiste packen und sie von einem Portier abtransportieren lassen. Schließlich fand ich eine bessere Idee. Ich werde sie im Keller einmauern wie früher die Mönche.

Der Keller war dafür gut geeignet. Seine Wände waren locker gebaut und frisch verputzt. Der Putz war durch die feuchte Luft noch weich. Eine Wand hatte eine Beule von einem falschen Schornstein oder Kamin. Dort könnte ich die Ziegel legen, die Leiche verstecken und die Wand wieder aufbauen. Niemand würde etwas Merkwürdiges bemerken. Ich hatte Recht. Mit einer Brechstange versetzte ich die Ziegelsteine. Ich platzierte die Leiche an der Innenwand. Dann baute ich die Mauer mit wenig Aufwand wieder auf.

Mit Mörtel, Sand und Haaren verputzte ich die Mauer. Ich habe mir alle Mühe gegeben. Der Gips sah aus wie der alte Gips. Ich deckte die neuen Ziegel sorgfältig ab. Als ich fertig war, fühlte ich mich gut. Die Wand sah unversehrt aus. Ich habe den Boden sehr gut gereinigt. Ich schaute mich um und war stolz. Ich dachte: „Meine Arbeit hat sich gelohnt."

Als nächstes suchte ich nach dem Tier. Die Katze hatte schließlich meine Schmerzen verursacht. Ich wollte sie töten. Aber das schlaue Tier versteckte sich vor meinem Zorn. Es war verschwunden. Da war ich froh. In dieser Nacht tauchte es nicht mehr auf. Eine Nacht lang schlief ich gut. Obwohl ich mich sogar schuldig fühlte.

Der zweite und dritte Tag vergingen. Die Bestie kam nicht zurück. Ich fühlte mich wieder frei. Das Ungeheuer war für immer verschwunden! Ich würde es nie wiedersehen! Ich war so glücklich!

Ich fühlte mich für meine dunkle Tat nicht besonders schuldig. Es wurden einige Fragen gestellt. Aber ich beantwortete sie leicht. Es wurde eine Durchsuchung durchgeführt. Aber es wurde nichts gefunden. Ich dachte, meine Zukunft sei kein Problem.

Am vierten Tag nach dem Mord kam die Polizei zu dem Haus. Sie durchsuchten das Haus erneut. Ich fühlte mich sicher. Mein Versteck war ja geheim. Die Beamten baten mich um meine Hilfe bei der Suche. Sie durchsuchten jeden Winkel. Sie gingen zum dritten oder vierten Mal in den Keller. Ich blieb ruhig. Mein Herz schlug ruhig. Als ob ich unschuldig wäre. Ich ging im Keller umher. Ich verschränkte die Arme und bewegte mich hin und her. Die Polizei war zufrieden und bereit zu gehen. Ich fühlte mich sehr glücklich. Deshalb konnte ich nicht ruhig bleiben. Ich wollte unbedingt etwas sagen. Ich wollte meine Unschuld zeigen.

„Meine Herren", sagte ich, als sie die Treppe hinaufgingen, „ich bin froh, Ihre Zweifel ausgeräumt zu haben. Ich wünsche Ihnen gute Gesundheit. Sie hätten ruhig etwas höflicher sein können. Übrigens ist dies ein sehr gut gebautes Haus." Ich wollte locker wirken. Aber ich wusste selbst nicht was ich sagte. „Es ist wirklich ein ausgezeichnetes Haus."

„Wollen Sie schon gehen, meine Herren? Diese Mauern sind wirklich sehr fest." Ich war total übermütig. Ich schlug mit meinem Stock hart gegen die Wand. Hinter dieser Wand lag die Leiche meiner Frau. Möge Gott mich vor dem Teufel beschützen! Nach den Schlägen hörte ich eine Stimme aus dem Inneren des Grabes. Es war ein Schrei. Zuerst leise und gebrochen wie das Schluchzen eines Kindes. Dann wurde es zu einem langen, lauten und anhaltenden Schrei. Es war ein Heulen, ein wehklagender Schrei. Es klang wie Entsetzen und auch wie ein Triumph. Es kam aus der Hölle, von den Verdammten und den Dämonen.

Ich kann meine Gedanken nicht beschreiben. Ich wurde ohnmächtig und taumelte an die gegenüberliegende Wand. Für einen Moment waren die Leute auf der Treppe vor Schreck und Ehrfurcht erstarrt. Dann brachen viele starke Arme die Wand ein. Sie stürzte vollständig zusammen. Der Leichnam war schon stark verwest und blutig und stand vor den Augen der Zuschauer. Auf ihrem Kopf saß die abscheuliche Bestie mit aufgerissenem rotem Maul und einem feurigen Auge. Diese Bestie hatte mich zu einem Mord verleitet. Nun wartet der Henker auf mich. Ich hatte das Ungeheuer in der Gruft eingemauert!

Das Fass Amontillado

Fortunato hat mich oft verletzt. Ich hatte es ertragen. Aber einmal beleidigte er mich. Da schwor ich Rache. Ihr kennt meine Seele gut. Das ist also keine leere Drohung. Ich wollte mich rächen. Dieser Entschluss war endgültig. Ich werde kein Risiko eingehen. Ich musste ihn bestrafen. Aber ich sollte nicht selbst dafür bestraft werden. Ein Unrecht wird nicht gut gemacht, wenn ich dann bestraft werde. Aber es ist nicht in Ordnung, wenn der Übeltäter die Strafe nicht zu spüren bekommt.

Fortunato kannte meinen Plan nicht. Ich verhielt mich ihm gegenüber freundlich. Ich lächelte ihn an. Aber mein Lächeln versteckte meine Rachegedanken.

Fortunato hatte eine Schwachstelle. Er war stolz auf seine Weinkenntnisse. Er war auf andere Weise respektiert und gefürchtet. Die meisten Italiener geben sich als Weinkenner aus und wollen reiche Engländer und Österreicher betrügen. Fortunato war ein Schwindler in Sachen Kunst und Edelsteine. Aber mit alten Weinen kannte er sich wirklich aus. Auch ich kannte italienische Weine und kaufte sie oft.

Es war die Abenddämmerung während des Karnevals. Ich traf meinen Freund. Er begrüßte mich herzlich. Denn er war betrunken. Er trug ein farbenfrohes, enges Kostüm mit einem Hut und Glocken. Ich freute mich ihn zu sehen und schüttelte ihm lange die Hand.

Ich sagte: „Mein lieber Fortunato, gut, dass du mich triffst. Du siehst heute gut aus! Ich habe angeblich ein Fass Amontillado. Aber ich habe Zweifel."

„Wie?", fragte er. „Amontillado? Ein Fass? Unmöglich! Und das während des Karnevals!"

„Ich glaube das auch nicht“, antwortete ich. „Ich habe den vollen Preis bezahlt ohne dich zu fragen. Du warst nicht da, und ich fürchtete, ein gutes Geschäft zu verlieren.“

„Amontillado!“

„Ich habe Zweifel.“

„Amontillado!“

„Ich muss sicher sein.“

„Amontillado!“

„Du bist beschäftigt, also gehe ich zu Luchesi. Er hat einen guten Geschmack. Er wird mir sagen ...“

„Luchesi kann Amontillado nicht von Sherry unterscheiden.“

„Manche sagen, sein Geschmack sei so gut wie deiner.“

„Komm, lass uns gehen.“

„Wo?“

„In deine Gewölbe.“

„Mein Freund, nein, ich möchte dich nicht belästigen.
Du scheinst beschäftigt zu sein. Luchesi...“

„Ich bin nicht beschäftigt, komm.“

„Mein Freund, nein. Sie haben vielleicht nicht viel zu tun,

aber Sie haben eine schlimme Erkältung. Die Gewölbe sind sehr feucht. Sie sind mit Salpeter bedeckt."

„Lass uns trotzdem gehen. Die Kälte ist nichts. Amontillado! Man hat dich reingelegt. Luchesi kann Sherry nicht von Amontillado unterscheiden."

Fortunato nahm meinen Arm. Ich setzte mir eine schwarze Seidenmaske auf. Ich wickelte einen Mantel um mich. Er begleitete mich zu meinem Haus.

Es war kein Dienstpersonal zu Hause. Sie waren zum Feiern gegangen. Ich sagte ihnen, ich komme am Morgen wieder. Sie sollten das Haus nicht verlassen. Da wusste ich: Sie gehen sobald ich weg war.

Ich nahm zwei Fackeln aus den Halterungen. Eine gab ich Fortunato. Ich führte ihn durch viele Räume bis zum Torbogen zu den Gewölben. Wir gingen eine lange gewundene Treppe hinunter. Er sollte vorsichtig sein. Unten angekommen standen wir auf dem feuchten Boden der Katakomben.

Mein Freund ging unsicher. Die Glöckchen an seiner Mütze bimmelten, während er ging.

„Das Rohr", sagte er.

„Es ist noch weiter weg", sagte ich. „Aber sieh dir das weiße Netz an den Wänden an."

Er drehte sich zu mir um und sah mir in die Augen. Seine Augen waren trüb vom Trinken.

„Salpeter?", fragte er.

„Salpeter“, antwortete ich.

„Wie lange haben Sie diesen Husten schon?“

„Igitt! Igitt! Igitt! Igitt! Igitt! Igitt! Igitt!“

Mein Freund konnte viele Minuten lang nicht antworten.

„Es ist nichts“, sagte er schließlich.

„Komm“, sagte ich, „wir gehen zurück. Deine Gesundheit ist wichtig. Du bist reich, geachtet, bewundert und geliebt. Du bist glücklich wie ich früher auch. Du bist ein glorreicher Mann. Für mich spielt das keine Rolle. Wir werden umkehren. Du wirst sonst krank werden. Ich kann nicht dafür verantwortlich sein. Außerdem ist da noch Luchesi.“

„Genug“, sagte er. „Der Husten ist nichts. Er wird mich nicht umbringen. Ich werde ja nicht an einem Husten sterben.“

„Stimmt“, antwortete ich. „Ich wollte dich nicht erschrecken. Aber du solltest vorsichtig sein. Ein Schluck von diesem Wein wird uns vor der Feuchtigkeit schützen.“

Ich hatte den Hals einer Flasche aus einer Reihe von Flaschen abgebrochen.

„Trink“, sagte ich und gab ihm den Wein.

Er hob sie lächelnd an seine Lippen. Er hielt inne und nickte mir zu, während seine Glocken klirrten.

„Ich trinke“, sagte er. „Auf die Toten um uns herum“.

„Und ich auf dein langes Leben."

Er nahm wieder meinen Arm, und wir gingen weiter.

„Diese Gewölbe sind groß", sagte er.

„Die Montresors waren eine große Familie", antwortete ich.

„Ich habe dein Familienwappen vergessen."

„Ein riesiger goldener Fuß in einem blauen Feld; der Fuß zermalmt eine Schlange. Ihre Reißzähne stecken in der Ferse."

„Und das Motto?"

„Wer mir etwas antut, wird bestraft."

„Gut!"

Der Wein funkelte in seinen Augen. Die Glocken klirrten. Meine eigene Fantasie erwärmte sich mit dem Wein. Wir gingen an Wänden aus gestapelten Knochen vorbei, abgewechselt von gestempelten Fässern. Wir erreichten den tiefsten Teil der Katakomben. Ich hielt inne und packte Fortunato am Arm.

„Der Salpeter!", sagte ich. „Siehst du, er wächst. Er hängt wie Moos an den Gewölben. Wir befinden uns unterhalb des Flussbettes. Feuchtigkeitstropfen rieseln zwischen die Knochen. Komm, wir gehen zurück, bevor es zu spät ist. Dein Husten..."

„Es ist nichts", sagte er. „Lass uns weitergehen. Aber zuerst noch einen Schluck Wein."

Ich brach ab und reichte ihm eine Flasche De Grâve. Er leerte sie in einem Atemzug. Seine Augen blitzten heftig auf. Er lachte und warf die Flasche mit einer Geste nach oben, die ich nicht verstand.

Ich sah ihn erstaunt an. Er wiederholte die Bewegung, eine seltsame Bewegung.

„Du verstehst nicht?", fragte er.

„Nein", antwortete ich.

„Dann gehörst du nicht zu unserer Bruderschaft."

„Welche Bruderschaft?"

„Du bist kein Freimaurer."

„Doch", sagte ich, „doch, doch".

„Du? Unmöglich! Ein Freimaurer?"

„Ein Freimaurer", antwortete ich.

„Ein Zeichen", sagte er.

„Das ist es", antwortete ich und holte eine Kelle unter meinem Mantel hervor.

„Du machst Spaß", rief er aus und trat ein paar Schritte zurück. „Aber lass uns zum Amontillado gehen."

„So soll es sein", sagte ich, steckte das Werkzeug zurück unter meinen Mantel und bot ihm wieder meinen Arm an. Er lehnte sich schwer darauf. Wir setzten unsere Suche nach dem Amontillado fort.

Wir gingen durch niedrige Bögen und stiegen hinunter. Wir gingen weiter und stiegen wieder hinunter. Wir erreichten eine tiefe Krypta. Die Luft war schlecht. Unsere Fackeln glühten sogar statt zu brennen.

Am anderen Ende der Krypta befand sich ein kleinerer Raum. Seine Wände waren bis zur Decke mit Menschenknochen ausgekleidet. Das war wie in den Katakomben in Paris. Auf drei Seiten dieser kleineren Krypta lagen noch Knochen. Auf der vierten Seite waren die Knochen auf den Boden geworfen. Sie bildeten an einer Stelle einen Haufen.

In der Wand waren die Knochen entfernt worden. Dort sahen wir eine kleine Nische. Sie war vier Fuß tief, drei Fuß breit und sechs oder sieben Fuß hoch. Es schien nur ein Raum zwischen zwei großen Stützen des Daches zu sein. Dahinter befand sich eine massive Granitwand.

Fortunato versuchte mit seiner schwachen Fackel in die Nische zu schauen. Das Licht war zu schwach. Man konnte das Ende nicht erkennen.

„Nur zu“, sagte ich. „Der Amontillado ist hier. Und was Luchesi betrifft...“

„Er ist ein Narr“, unterbrach mich mein Freund. Er schritt unsicher voran, und ich folgte ihm dicht auf den Fersen. Er erreichte das Ende der Nische und blieb stehen. Ein Stein im Weg stoppte ihn. Er stand dumm und fassungslos da.

Einen Moment später fesselte ich ihn an den Granit. Es waren zwei Eisenklammern in der Oberfläche. Sie waren etwa zwei Fuß voneinander entfernt. An der einen war eine kurze Kette, an der anderen ein Vorhängeschloss. Ich wickelte die Kette um seine Taille und schloss sie ab. Er konnte sich vor Schock nicht wehren. Ich nahm den Schlüssel und trat zurück.

„Berühre die Wand", sagte ich. „Du kannst die Feuchtigkeit spüren. Bitte, geh zurück wenn du kannst. Nein? Dann muss ich dich verlassen. Aber vorher werde ich alles für dich tun."

„Der Amontillado!", kam es aus meinem Freund heraus. Er war immer noch total verwirrt.

„Ja", antwortete ich, „der Amontillado".

Ich schob die Knochen beiseite und fand Bausteine und Mörtel. Mit meiner Kelle begann ich den Eingang zuzumauern.

Nach der ersten Reihe Steine merkte ich, dass Fortunatos Rausch stark abgeklungen war. Ich hörte ein leises Stöhnen aus der Nische. Es war jedenfalls nicht der Schrei eines betrunkenen Mannes. Dann herrschte eine lange Stille. Ich verlegte die zweite, dritte und vierte Steinreihe. Dann hörte ich die Kette heftig wackeln.

Das Geräusch dauerte ein paar Minuten. Ich unterbrach meine Arbeit und lauschte. Ich setzte mich auf die Knochen. Das Geräusch hörte auf. Ich setzte die Kelle wieder ein. Ich beendete die fünfte, sechste und siebte Schicht. Die Wand befand sich jetzt auf Höhe meiner Brust. Ich hielt inne und hielt die Fackel über die Wand. Ich sah die Gestalt dahinter.

Plötzlich kamen laute Schreie von der angeketteten Gestalt. Die Schreie stießen mich zurück. Ich zögerte und zitterte einen Moment lang. Ich zog mein Schwert und tastete damit herum. Dann wurde ich wieder ruhig. Ich berührte die feste Wand der Katakomben und fühlte mich sicher. Ich ging zurück zur Wand. Ich antwortete auf die Schreie. Ich ließ sie wie ein Echo widerhallen und gab noch lautere Töne von mir. Die Person hörte auf zu schreien.

Es war jetzt Mitternacht, und meine Arbeit war fast getan. Ich hatte die achte, neunte und zehnte Schicht fertiggestellt. Ich begann mit der elften Schicht. Es war nur noch ein Stein zu setzen und zu verputzen. Ich mühte mich mit seinem Gewicht ab und brachte ihn an seinen Platz. Dann ertönte ein leises Lachen aus der Nische. Es ließ mir die Haare zu Berge stehen. Es folgte eine traurige Stimme. Sie war schwer zu erkennen. Aber es war Fortunatos Stimme.

Die Stimme sagte: „Ha! ha! ha! – Hi! Hi! – ein sehr guter Scherz. Wir werden im Palazzo darüber lachen – Ha! Ha! Ha! – bei unserem Wein – Haha!“

„Der Amontillado!“, sagte ich.

„Ha! Ha! Ha! Ha! Ja, der Amontillado. Aber ist es nicht schon spät? Werden sie nicht im Palazzo auf uns warten, Lady Fortunato und die anderen? Lasst uns gehen.“

„Ja“, sagte ich, „lass uns gehen“.

„Um Himmels willen, Montressor!“

„Ja“, sagte ich, „um Himmels willen!“

Aber ich hörte keine Antwort. Ich wurde ungeduldig. Ich rief laut: „Fortunato!“

Keine Antwort. Ich rief wieder: „Fortunato!“

Immer noch keine Antwort. Ich stieß eine Fackel durch die Öffnung und ließ sie hineinfallen. Ich hörte nur das Läuten der Glocken. Die Feuchtigkeit in den Katakomben machte mir das Arbeiten immer anstrengender. Ich beeilte mich. Ich fügte den letzten Stein ein und machte ihn fest. Ich baute die alte Mauer aus Knochen davor wieder auf. Seit fünfzig Jahren hat sie niemand mehr gestört. Ruhe in Frieden!

Die Grube und das Pendel

Eine grausame Menge ernährte sich hier von unschuldigem Blut und war nie zufrieden. Jetzt ist das Land sicher, und der Griff des Todes ist gebrochen. Wo der Tod war, gibt es jetzt Leben und Sicherheit.

(Text auf dem Tor eines Marktes auf dem Gelände des Jacobinischen Klubhauses in Paris)

Ich war sehr verzweifelt. Endlich banden sie mich los, und ich durfte mich setzen. Dann verließen mich meine Sinne. Ich hörte nur noch deutlich mein Todesurteil. Danach wurden die Stimmen zu einem undeutlichen Summen. Es erinnerte mich an ein Mühlrad. Bald hörte ich gar nichts mehr. Eine Zeit lang konnte ich noch sehen. Ich sah die Lippen der Richter in schwarzen Roben. Sie sahen weiß und dünn aus. Ihre Gesichter zeigten Härte und Verachtung für den Schmerz. Sie sprachen über mein Schicksal. Ihre Lippen bewegten sich. Aber ich hörte keinen Ton. Ich sah, wie sich die dunklen Vorhänge an den Wänden leicht bewegten. Dann sah ich sieben hohe Kerzen auf dem Tisch.

Zuerst sahen sie freundlich aus. Wie Engel, die mich retten. Dann wurde mir sehr schlecht und mein Körper zitterte wie von einem Stromschlag. Die Engelsgestalten verwandelten sich in furchterregende Gestalten mit feurigen Köpfen. Da wusste ich: Die werden mir nicht helfen.

Dann dachte ich an den tiefen Frieden in einem Grab. Dieser Gedanke kam langsam und leise. Ich spürte ihn, und die Richter verschwanden. Die hohen Kerzen verschwanden und ihre Flammen erloschen. Dunkelheit machte sich breit. Meine Seele schien an einen dunklen Ort zu fallen. Dann herrschte Stille und Schweigen.

Ich war ohnmächtig geworden. Aber ich hatte nicht alles Bewusstsein verloren. Ich kann nicht erklären, was übrig blieb. Aber es war nicht alles weg. Selbst im Tiefschlaf, im Delirium, bei einer Ohnmacht oder im Tod ist nicht alles verloren. Sonst gäbe es ja kein Leben nach dem Tod. Nach einem Tiefschlaf durchbrechen wir das dünne Netz eines Traums. Doch eine Sekunde später erinnern wir uns vielleicht nicht mehr an den Traum.

Nach einer Ohnmacht gibt es zwei Phasen. Erstens, die mentale oder spirituelle Phase. Die zweite ist die körperliche Phase. Wenn wir uns daran erinnern, finden wir vielleicht tiefe Erinnerungen an das Unbekannte. Was ist dieses Unbekannte? Wie können wir seine Schatten von denen des Grabes unterscheiden? Wenn wir uns nicht an das erste Stadium erinnern können, kommen diese Erinnerungen dann später von selbst zurück?

Wer noch nie ohnmächtig war, sieht keine fremden Orte oder bekannte Gesichter in glühenden Kohlen. Er sieht keine traurigen Visionen in der Luft schweben. Er denkt nicht über den Duft einer neuen Blume nach. Er wird nicht durch eine Musik verwirrt, die er vorher nicht kannte.

Ich wollte irgendeinen Hinweis auf den Zustand des Nichts in meiner Seele finden. Dann dachte ich, es sei mir gelungen. Es gab sehr kurze Momente davon. Dann sagte mir mein Verstand, ich war bewusstlos.

Diese Schatten der Erinnerung zeigen große Gestalten. Sie heben mich hoch und tragen mich herunter. Sie bewegten sich schweigend. Bei dem Gedanken an den endlosen Abstieg wurde mir schwindlig. Ich spürte auch eine unbestimmte Angst. Mein Herz war viel zu ruhig. Dann hörte alles auf sich zu bewegen. Als hätten meine Träger das Ende erreicht und hielten inne. Danach erinnere ich mich an Flachheit und Feuchtigkeit. Dann wurde alles zum Wahnsinn. Denn ich dachte an verbotene Dinge.

Plötzlich spürte ich wieder Bewegung und hörte Geräusche. Mein Herz schlug laut in meinen Ohren. Dann gab es eine leere Pause. Wieder spürte ich Geräusche, Bewegungen und Berührungen. Ein kribbelndes Gefühl breitete sich in meinem Körper aus. Ich existierte ohne Gedanken. Dies dauerte eine lange Zeit an. Dann hatte ich plötzlich Gedanken und Angst und wollte meinen Zustand verstehen. Ich wollte wieder ohnmächtig werden. Dann erwachte meine Seele wieder. Ich bewegte mich erfolgreich. Jetzt erinnerte ich mich an den Prozess, die Richter, die dunklen Vorhänge, das Urteil, die Übelkeit und die Ohnmacht. Alles danach habe ich vergessen. Später erinnerte ich mich nur mit viel Mühe daran. Und auch nicht an alles.

Ich hatte meine Augen noch nicht geöffnet. Ich lag auf dem Rücken. Ich war nicht gefesselt. Ich streckte meine Hand aus. Sie berührte etwas Feuchtes und Hartes. Ich ließ sie dort für viele Minuten liegen. Ich überlegte, wo ich war. Ich wollte etwas sehen, aber ich hatte Angst. Es könnte vielleicht gar nichts zu sehen sein. Schließlich öffnete ich in wilder Angst schnell die Augen. Meine schlimmsten Gedanken waren wahr. Dunkelheit umgab mich. Ich hatte Mühe zu atmen. Die Dunkelheit fühlte sich schwer und erstickend an. Die Luft war sehr knapp. Ich lag still und versuchte klar zu denken. Ich erinnerte mich an den Prozess und versuchte meine Situation zu verstehen. Das Urteil war gesprochen worden. Es schien eine lange Zeit vergangen zu sein. Ich war offenbar nicht tot. Diese Vorstellung passte nicht zur Wirklichkeit. Aber wo war ich? Zum Tode verurteilte Menschen starben normalerweise bei einer öffentlichen Hinrichtung. In der Nacht meines Prozesses war eines passiert. Sollte ich in meiner Zelle Monate auf meine eigene Hinrichtung warten? Das konnte doch nicht sein. Die Menschen brauchten sofort Opfer. Und mein Kerker und die Zellen in Toledo hatten Steinböden. Das Licht wurde nicht vollständig abgeschirmt. Das sprach dagegen.

Ein beängstigender Gedanke ließ mein Herz rasen. Ich wurde für kurze Zeit ohnmächtig. Ich erwachte und stand schnell auf. Ich zitterte am ganzen Körper. Ich fuchtelte mit den Armen um mich herum. Ich spürte nichts. Aber ich fürchtete mich zu bewegen. Ich würde vielleicht gegen die Wände eines Grabes stoßen. Der Schweiß rann mir in Strömen und bildete große Tropfen auf meiner Stirn. Das Warten war nicht mehr zu ertragen. Ich bewegte mich langsam vorwärts, mit ausgestreckten Armen und weit geöffneten Augen. Ich hoffte etwas Licht zu sehen. Ich ging viele Schritte, aber es war immer noch dunkel und leer. Ich fühlte mich ein wenig besser. Offenbar war mein Schicksal nicht das schlimmste.

Ich ging weiter und erinnerte ich mich an viele Geschichten über die Schrecken von Toledo. Die Leute hatten seltsame Geschichten über die Kerker erzählt. Ich dachte, es seien nur Geschichten. Aber sie waren zu gruselig um sie laut zu wiederholen. Würde ich an diesem dunklen Ort verhungern? Oder wartete ein schlimmeres Schicksal auf mich?

Ich wusste, meine Richter würden mich umbringen. Der Weg und die Zeit waren meine einzigen Sorgen. Meine Hände berührten eine feste Wand. Sie fühlte sich glatt, schleimig und kalt an. Ich folgte vorsichtig der Wand. Ich konnte die Größe meiner Zelle nicht einschätzen. Die Wand schien überall gleich zu sein. Ich suchte nach meinem Messer. Es war verschwunden. Meine Kleidung bestand jetzt aus einem groben Gewand. Mit dem Messer wollte ich meinen Startpunkt markieren. Dieses Problem schien mir zunächst riesig. Ich riss ein Stück von meinem Gewand ab und legte es an die Wand. Ich würde es beim Herumlaufen wiederfinden. Aber ich wusste nicht, wie groß die Zelle war. Der Boden war nass und glitschig.

Ich bin eine Zeit lang gelaufen. Dann bin ich gestolpert und gefallen. Ich war sehr müde und blieb deshalb auf dem Boden liegen. Bald darauf schlief ich ein. Ich wachte auf und fand Brot und Wasser neben mir.

Ich war zu müde zum Denken und aß und trank schnell. Danach lief ich wieder durch das Gefängnis. Es war anstrengend. Aber ich fand ein Stück Stoff. Bevor ich hinfiel, hatte ich zweiundfünfzig Schritte gezählt. Nachdem ich wieder losgelaufen war, zählte ich achtundvierzig weitere Schritte bis zum Tuch. Es waren also insgesamt einhundert Schritte. Zwei Schritte ergaben einen Meter. Dann war der Kerker fünfzig Meter lang. Die Wand hatte viele Ecken. Deshalb konnte ich die Form des Raumes nicht erraten.

Ich hatte kein wirkliches Ziel oder Hoffnung bei meiner Suche. Aber ich war neugierig. Also ging ich weiter. Ich verließ die Wand und wollte die Mitte des Raumes durchqueren. Zuerst war ich sehr vorsichtig. Der Boden war glitschig. Dann wurde ich mutiger und ging fest in einer geraden Linie. Nach zehn oder zwölf Schritten verfing sich mein Gewand zwischen meinen Beinen. Ich war darauf getreten und hart auf mein Gesicht gefallen.

In der Verwirrung bemerkte ich zunächst nichts Seltsames. Nach ein paar Sekunden, als ich immer noch lag, bemerkte ich es. Mein Kinn lag auf dem Boden. Aber meine Lippen und mein Kopf berührten nichts. Meine Stirn fühlte sich feucht an. Ich roch verfaulten Pilz.

Ich streckte meinen Arm aus und erschauderte. Ich war in der Nähe einer runden Grube gefallen. Ich konnte nicht sehen, wie groß sie war. Ich bewegte ein kleines Stück Stein und ließ es in die Grube fallen. Ich hörte, wie er an den Seiten aufschlug und dann ins Wasser platschte. Es folgte ein lautes Echo.

Gleichzeitig öffnete sich über mir eine Tür und ging schnell wieder zu. Ein schwaches Licht blitzte auf und verschwand dann. Ich erkannte die Gefahr, die mich erwartete. Ich war froh über den Unfall. Er hatte mich gerettet. Mit nur einem Schritt weiter wäre ich für immer verschwunden gewesen.

Beinahe wäre ich so gestorben. Ich hatte so etwas früher für Märchenerzählungen über die Inquisition gehalten. Aber eines ist wahr: Die Inquisition stellte ihre Opfer vor zwei Möglichkeiten. Sie konnten mit großen Schmerzen oder mit großer Angst sterben. Ich wurde für die zweite Möglichkeit ausgewählt. Das lange Leiden machte mich sehr schwach. Ich zitterte schon beim Klang meiner eigenen Stimme. Ich war bereit für die Folter.

Zitternd tastete ich mich zurück zur Wand. Ich wollte lieber dort sterben als in den Schacht zu fallen. Mein Geist stellte sich viele Brunnenschächte rund um den Kerker vor. In einem anderen Zustand wäre ich vielleicht in einen gesprungen und hätte meine Schmerzen beendet. Aber jetzt war ich der größte Feigling. Vor allem wäre das ein langsamer Tod gewesen.

Die Angst hielt mich viele Stunden lang wach. Schließlich schlief ich wieder ein. Beim Aufwachen fand ich Brot und Wasser neben mir. Ich war sehr durstig und trank das ganze Wasser auf einmal aus. In dem Wasser mussten Drogen gewesen sein. Kurz danach war ich schon wieder schläfrig. Ich fiel in einen tiefen Schlaf und schlief wie ein Toter.

Ich wusste nicht, wie lange es dauerte. Ich öffnete meine Augen. Ich konnte Gegenstände um mich herum sehen. Ein seltsamer Schwefelglanz ließ mich mein Gefängnis erkennen. Ich hatte mich in der Größe des Verlieses geirrt. Die Mauern waren nicht mehr als fünfundzwanzig Meter breit. Diese Tatsache beunruhigte mich eine Zeit lang. Aber in meiner schrecklichen Situation spielte sie keine große Rolle. Doch ich interessierte mich für kleine Details. Ich versuchte meinen Fehler beim Messen zu verstehen. Dann erkannte ich die Wahrheit. Ich hatte vor meinem Sturz zweiundfünfzig Schritte gezählt. Ich muss in der Nähe des Kleidungsstücks gewesen sein. Ich war fast um das Gewölbe herumgelaufen. Dann schlief ich ein und wachte auf.

Ich muss denselben Weg zurückgelaufen sein. Deshalb dachte ich, das Gewölbe sei doppelt so groß. Ich hatte mit der Wand zu meiner Linken begonnen und mit der Wand zu meiner Rechten geendet. Das hatte mein verwirrter Geist nicht bemerkt.

Ich habe mich auch über die Form meiner Gruft geirrt. Ich fühlte viele Winkel und dachte, sie sei sehr unregelmäßig. Die Dunkelheit kann einen Schlaftrunkenen stark beeinflussen!

Die Winkel waren nur kleine Vertiefungen oder Nischen an beliebigen Stellen. Das Gefängnis war viereckig. Was ich für Stein hielt, schien Eisen oder Metall zu sein. Große Metallplatten hatten Fugen, die die Vertiefungen bildeten. Die Metallwände waren mit hässlichen und unheimlichen Bildern bemalt. Mönche hatten diese Bilder angefertigt. An den Wänden hingen Bilder von Dämonen, Skeletten und anderen gruseligen Dingen. Die Umrisse waren klar, aber die Farben waren verblasst und unscharf. Das lag an der feuchten Luft. Der Boden war aus Stein. In der Mitte gähnte die kreisförmige Grube. Ich war ihrem Schlund entkommen.

Ich sah das alles nur mit Mühe. Der Schlaf hatte mich sehr verändert. Ich lag auf dem Rücken auf einem niedrigen Holzgestell. Ein langer Riemen fesselte mich fest. Nur mein Kopf und mein linker Arm waren frei. Ich konnte gerade noch das Essen aus einer Schüssel auf dem Boden erreichen. Zu meinem Entsetzen war der Krug verschwunden.

Ich war sehr durstig. Meine Peiniger machten mich mit würzigem Fleisch noch durstiger. Ich schaute zur Decke meines Gefängnisses hinauf. Sie war hoch und wie die Wände. Auf einer Tafel war eine seltsame Figur zu sehen. Es war die Figur der Zeit. Anstelle einer Sense hielt er ein großes Pendel. Ich schaute mir das Pendel genauer an. Es war genau über mir. Ich dachte, es bewegt sich. Dann merkte ich es. Es bewegte sich wirklich. Es bewegte sich langsam. Ich beobachtete es eine Weile. Ich fühlte Angst und Staunen. Ich wurde zu müde zum Beobachten. Ich sah mir andere Dinge in der Zelle an.

Ich hörte ein Geräusch und schaute auf den Boden. Ich sah große Ratten. Sie kamen aus dem Schacht herauf. Sie kamen in Gruppen. Sie wurden angelockt durch den Geruch des Fleisches. Ich musste sie mit viel Mühe verscheuchen.

Es mag eine halbe oder eine Stunde gewesen sein. Ich konnte die Zeit nicht sagen. Dann schaute ich wieder auf. Ich war geschockt. Die Schwingung des Pendels hatte sich um fast einen Meter vergrößert. Es bewegte sich auch schneller. Aber was mich am meisten erschreckte: Es war nach unten gekommen. Sein Ende war eine Sichel aus glänzendem Stahl. Es war Horror. Von der Spitze bis zum Ende war sie etwa einen Meter lang. Die Spitzen zeigten nach oben. Die Schneide war so scharf wie ein Rasiermesser. Auch wie ein Rasiermesser war sie schwer und an der Spitze dick. Sie war an einer schweren Messingstange befestigt. Das ganze Ding zischte beim Schwingen.

Ich konnte nicht länger an meinem Schicksal zweifeln. Die Mönche hatten diese Folter für mich geschaffen. Die Agenten der Inquisition wussten von der Grube. Die Grube war für Menschen wie mich bestimmt. Die Grube war wie die Hölle und die schlimmste Strafe. Ich bin nur durch Glück nicht in die Grube gefallen. Diese Überraschungen und Fallen gehörten zu diesen Todesfällen in den Kerkern.

Ich bin nicht gefallen. Der Dämon hat mich nicht in den Abgrund gestürzt. Stattdessen erwartete mich ein milderes Schicksal. Milder! Ich lächelte halb in meinem Schmerz über dieses Wort.

Was nützt es, von den langen Stunden des Grauens zu erzählen? Ich zählte die Vibrationen des Stahls. Zentimeter für Zentimeter,

Linie für Linie kam er herunter. Tage vergingen. Es mögen viele Tage gewesen sein. Der Stahl konnte mir schon mit seinem Atem Luft zufächeln. Der Geruch des Stahls erfüllte meine Nase. Ich betete, es soll schneller herunterkommen. Ich wurde verrückt. Ich versuchte, mich gegen den Krummsäbel zu stemmen. Dann wurde ich ruhig und lächelte den glitzernden Tod an wie ein Kind ein Spielzeug.

Ich verlor wieder das Bewusstsein. Ich wachte kurz danach wieder auf. Das Pendel hatte sich nicht bewegt. Aber es hätte lange dauern können. Ich wusste, die Dämonen beobachteten mich und konnten das Pendel anhalten. Ich wachte wieder auf und fühlte mich sehr krank und schwach. Trotz meiner Schmerzen verlangte mein Körper nach Nahrung.

Mit großer Anstrengung streckte ich meinen linken Arm so weit wie möglich aus. Ich nahm ein kleines Stückchen Essen. Das hatten mir die Ratten übriggelassen. Ich steckte es in den Mund und spürte eine kleine Hoffnung. Aber warum sollte ich Hoffnung haben? Es war ein kleiner halber Gedanke. Viele solcher Gedanken enden nie. Ich fühlte Freude und Hoffnung. Aber sie verblassten schnell. Ich wollte sie bewahren. Aber es gelang mir nicht. Mein langes Leiden hatte meinen Verstand geschwächt. Ich fühlte mich wie ein Idiot.

Das Pendel bewegte sich im rechten Winkel zu meinem Körper. Ich sah, dass es auf mein Herz zielte. Es würde erst mein Gewand zerschneiden. Dann würde es mich verletzen. Das Pendel schwang weit und schnell. Es könnte Eisenwände durchschneiden. Aber im Moment würde es nur meine Kleidung zerschneiden. Bei diesem Gedanken hielt ich inne. Ich konnte nicht über diesen Punkt hinausdenken.
Ich wollte das Pendel mit meinen Gedanken aufhalten. Ich zwang mich, an das Geräusch der Klinge auf meinem Gewand zu denken. Ich wollte es sogar fühlen.

Ich dachte über solchen Unsinn nach. Schließlich taten mir davon die Zähne weh. Es ging abwärts. Ich verglich seine Abwärts- und Seitwärtsgeschwindigkeit mit Genuss. Nach rechts, nach links, weit und breit, mit einem lauten Geräusch! Er bewegte sich wie ein hinterhältiger Tiger zu meinem Herzen! Ich lachte und weinte je nach meinen Gedanken.

Runter, ganz sicher runter! Es bewegte sich bis auf drei Zentimeter an meine Brust heran! Ich wollte irgendwie meinen linken Arm befreien. Mein Arm war nur vom Ellbogen bis zur Hand frei. Mit großer Anstrengung konnte ich die Platte neben mir erreichen. Aber es ging nicht weiter. Ohne die Fesseln oberhalb des Ellenbogens könnte ich vielleicht das Pendel aufhalten. Das war so schwierig wie das Aufhalten einer Lawine!

Runter, immer weiter runter! Ich keuchte und kämpfte bei jedem Schwung. Ich schrumpfte bei jedem Schwung. Meine Augen verfolgten seine Bewegungen mit verzweifeltem Eifer. Sie schlossen sich fest, als er hinabstieg. Der Tod wäre eine Erleichterung gewesen. Aber ich zitterte bei der Vorstellung von der scharfen Axt auf meiner Brust. Die Hoffnung ließ mich zittern und schrumpfen.

Die Hoffnung flüstert den Todgeweihten immer noch zu, selbst in dunklen Kerkern. Ich sah, dass der Stahl mein Gewand nach zehn oder zwölf Schlägen berührte. Das gab mir ein ruhiges, aber verzweifeltes Gefühl. Zum ersten Mal seit Stunden oder Tagen konnte ich klar denken. Ich bemerkte, dass die Bandage um mich herum einzigartig war. Ich war nicht durch einzelne Schnüre gefesselt. Ein Schnitt mit der scharfen Klinge könnte mich befreien. Ich konnte meine linke Hand benutzen und den Verband lösen. Aber der Stahl war sehr nah. Jeder Kampf könnte tödlich sein. Hatten die Folterer das geplant? Ging der Verband quer über meine Brust, wo das Pendel schwang? Ich hob den Kopf, um meinen Brustkorb deutlich zu sehen. Der Verband umschloss meinen Körper fest. Nur da nicht wo die Klinge schwang.

Ich hatte gerade meinen Kopf zurückgelegt. Da kam eine neue Idee. Es ging darum, wie man entkommen könnte. Die Idee war nicht klar, aber sie war vollständig. Ich beschloss, es sofort zu versuchen. Ich war verzweifelt, aber entschlossen.

Viele Stunden lang waren die Ratten in meiner Nähe gewesen. Sie waren wild und hungrig. Ihre roten Augen beobachteten mich und warteten darauf, dass ich mich nicht mehr bewegte. Ich fragte mich, was sie normalerweise in dem Brunnen zu essen bekamen.

Die Ratten hatten fast das gesamte Futter in der Schüssel aufgefressen. Ich hatte versucht, sie durch Winken mit der Hand zu vertreiben. Aber das hat nicht lange funktioniert. Die Ratten bissen oft in meine Finger. Ich nahm die öligen und scharfen Essensreste und rieb sie auf den Verband. Dann hob ich meine Hand vom Boden auf und blieb ganz still.

Zuerst waren die hungrigen Ratten erschrocken über die Veränderung und über meine Ruhe.

Sie zogen sich schnell zurück. Viele liefen zum Brunnenschacht. Aber das dauerte nur einen Moment. Sie waren sehr hungrig. Sie merkten, dass ich mich nicht bewegte. Ein oder zwei der Mutigsten sprangen auf das Gestell. Sie rochen den Riemen. Daraufhin stürmten sie alle nach vorne. Sie kamen in Gruppen aus dem Brunnen. Sie klammerten sich an das Holz. Sie rannten darüber und stürzten sich in großer Zahl auf mich. Das sich bewegende Pendel störte sie nicht. Sie wichen seinen Schwüngen aus und konzentrierten sich auf den Riemen. Sie drängten und schwärmten in immer größerer Zahl auf mich ein. Sie krabbelten an meiner Kehle. Ihre kalten Lippen berührten meine. Ich konnte unter ihrem Gewicht kaum noch atmen. Eine tiefe Abscheu erfüllte mich und machte mein Herz schwer. Der Kampf würde bald zu Ende sein. Ich sah, wie sich der Gurt lockerte. Ich wusste, dass er an vielen Stellen durchgeschnitten war. Mit großer Anstrengung hielt ich still. Ich hatte Recht mit meinem Plan. Ich hatte nicht umsonst gelitten. Endlich fühlte ich mich frei. Der Gurt hing in Stücken von meinem Körper. Aber der Schwung des Pendels berührte meine Brust. Es hatte mein Gewand und den darunter liegenden Stoff durchschnitten. Es schwang noch zweimal, und ein scharfer Schmerz traf jeden Nerv. Aber es war Zeit zu fliehen.

Ich winkte mit der Hand. Meine Retter rannten weg. Ich bewegte mich langsam und vorsichtig. Ich löste mich aus dem Verband und entfernte mich von dem Krummsäbel. Für den Moment war ich frei. Frei, aber immer noch in den Fängen der Inquisition! Ich trat von meinem Holzbett auf den Steinboden. Die Maschine bewegte sich nicht mehr und stieg durch die Decke. Ich habe eine harte Lektion gelernt. Sie beobachteten jede meiner Bewegungen. Frei! Ich entkam einem Tod und sah einem anderen entgegen. Ich blickte nervös auf die Eisenbarrieren um mich herum. Irgendetwas hatte sich in diesem Raum verändert. Zuerst konnte ich es nicht verstehen. Ich verbrachte viele Minuten mit Nachdenken. Ich fand keine Antwort. Dann sah ich, woher das Licht kam. Es kam aus einem kleinen Riss an der Basis der Wände. Die Wände waren vom Boden getrennt. Ich versuchte, durch den Riss zu schauen. Aber es gelang mir nicht.

Als ich aufstand, begriff ich die Veränderung im Raum. Die Figuren an den Wänden waren klar. Aber die Farben waren unscharf. Jetzt waren die Farben hell und intensiv. Die Bilder sahen beängstigend und real aus. Dämonenaugen starrten mich aus allen Richtungen an. Sie leuchteten wie Feuer. Ich hielt sie für echt.

Ich roch heißes Eisen. Die Luft war schwer zu atmen. Die Augen glühten mehr und mehr. Die Bilder färbten sich tiefrot. Ich hatte Mühe zu atmen. Meine Peiniger hatten einen klaren Plan. Sie waren grausam und böse. Ich entfernte mich von dem heißen Metall und ging in die Mitte der Zelle. Ich dachte an den kühlen Brunnen. Er fühlte sich wie eine Erleichterung an. Ich rannte zum Rand des Brunnens. Ich schaute hinunter. Das Licht vom Dach beleuchtete das Innere des Brunnens.

Einen Moment lang konnte ich nicht verstehen, was ich sah.
Dann drang es in mein Bewusstsein ein. Es brannte sich in meine Gedanken ein. Ich wollte schreien. Entsetzen! Jedes Grauen, nur nicht dieses! Ich schrie und bedeckte mein Gesicht mit meinen Händen.
Ich weinte heftig.

Die Hitze nahm schnell zu. Ich sah wieder auf und zitterte, als wäre mir kalt. Die Zelle hatte wieder ihre Form verändert. Zuerst konnte ich nicht verstehen, was da geschah. Aber bald wusste ich es. Die Inquisitoren waren wütend, weil ich zweimal geflohen war. Sie würden nicht mehr warten.

Der Raum war quadratisch gewesen. Jetzt waren zwei Ecken spitz und zwei breit. Die Veränderung geschah mit einem leisen Rumpeln.
Im Handumdrehen wurde der Raum zu einer Raute. Die Veränderung hörte nicht auf. Ich hoffte und wollte nicht, dass sie aufhörte.
Ich hätte mich an die heißen Wände schmiegen können wie an eine Decke des Friedens.

„Tod“, sagte ich, „jeder Tod außer der Grube!“ Ich Idiot!
Das brennende Eisen drängt mich doch in die Grube!
Konnte ich seiner Hitze widerstehen? Oder seinem Druck?

Die Raute wurde flacher und flacher. Es ging alles sehr schnell.
Ich hatte keine Zeit zum Nachdenken. Die Mitte der Raute lag über dem tiefen Loch. Ich wich zurück, aber die Wände drängten mich vorwärts.

Bald hatte ich keinen Platz mehr zum Stehen. Ich hörte auf zu kämpfen. Ich schrie vor Verzweiflung. Ich spürte, dass ich kurz vor dem Abgrund stand. Ich schloss meine Augen.

Ich hörte menschliche Stimmen. Ich hörte laute Trompeten.
Ich hörte ein raues Geräusch wie Donner. Die feurigen Wände wichen zurück. Ich fiel. Ein Arm fing mich auf. Es war General Lasalle.
Die französische Armee hatte Toledo eingenommen.
Die Inquisition war besiegt.

Ligeia

„Der Mensch gibt weder den Engeln noch dem Tod nach. Höchstens durch einen schwachen Willen."
Joseph Glanvill.

Ich weiß nicht mehr, wie, wann oder wo ich Ligeia zum ersten Mal getroffen habe. Es sind so viele Jahre vergangen. Mein Gedächtnis ist schwach vom vielen Leiden.

Vielleicht kann ich mich jetzt nicht mehr an diese Punkte erinnern. Der Charakter meiner Geliebten, ihre seltene Gelehrsamkeit, ihre ruhige Schönheit und ihre liebliche Stimme berührten mein Herz langsam und leise. Ich bemerkte es anfangs nicht. Ich glaube, ich habe sie in einer alten Stadt in der Nähe des Rheins getroffen. Ich habe sie von ihrer Familie sprechen hören. Die Familie gab es schon sehr lange.

Ligeia! Ligeia! Ich war in Studien versunken. Sie ließen mich die Welt vergessen. Nur der Name Ligeia bringt mir ihr Bild in Erinnerung. Nie kannte ich ihren Nachnamen. Das merke ich jetzt erst. Sie war meine Freundin, meine Verlobte, meine Studienpartnerin und meine Frau. War es ein Scherz von Ligeia? War es ein Test für meine Liebe? Oder war es meine eigene romantische Idee? Ich erinnere mich kaum noch an die Tatsache selbst. Wie sollte ich mich auch an die Details erinnern?

Wenn der Geist der Romantik jemals existiert hat, war er bei meiner Hochzeit anwesend. An eine Sache erinnere ich mich gut. Es ist Ligeia. Sie war groß und schlank. In ihren letzten Tagen war sie sehr dünn. Ich kann ihre königliche Art und ihren anmutigen Gang nicht beschreiben. Sie kam und ging wie ein Schatten. Ich bemerkte sie beim Eintreten in mein Arbeitszimmer gar nicht. Erst durch die Musik ihrer süßen Stimme. Sie legte ihre Hand auf meine Schulter. Keine Jungfrau war so schön wie sie. Ihre Schönheit war wie ein Rausch. Sie war göttlicher als jede Fantasie. Ihre Züge waren nicht regelmäßig wie die klassische Schönheit aus unseren Lehrbüchern. Der Philosoph Bacon sagte: Wahre Schönheit habe immer etwas Besonderes an sich.

Ja, Ligeias Gesichtszüge waren nicht regelmäßig. Ihre Schönheit war exquisit und hatte eine Seltsamkeit. Ich versuchte Unregelmäßigkeiten zu finden. Aber es gelang mir nicht. Ich schaute auf ihre hohe, blasse Stirn. Sie war perfekt. Ihre Haut war wie reines Elfenbein. Ihr Haar war schwarz, glänzend, dicht und lockig. Es passte zu dem Wort „hyazinthisch". Ich sah mir ihre Nase an. Sie war perfekt wie auf hebräischen Medaillons. Sie hatte eine glatte Oberfläche und eine leichte Wölbung. Ihre Nasenlöcher waren harmonisch geschwungen. Ich schaute auf ihren süßen Mund. Er war himmlisch. Die Oberlippe hatte eine schöne Form. Die Unterlippe war weich und voll. Grübchen spielten auf ihren Wangen, und ihre Farben waren lebendig. Ihre Zähne leuchteten hell im Licht. Ihr Lächeln war ruhig, heiter und strahlend.

Ich sah mir das Kinn genau an. Ich sah Sanftheit und Erhabenheit. Es war voll und spirituell wie die griechische Kunst. Es war so, wie der Gott Apollo es Kleomenes, dem Sohn des Atheners im Traum gezeigt hatte.

Dann sah ich in Ligeias große Augen. Wir haben keine alten Modelle für solche Augen. Vielleicht enthielten diese Augen ein von Lord Verulam erwähntes Geheimnis. Sie waren viel größer als normale Augen. Sie waren voller als die Augen der Gazelle im Tal von Nourjahad. Dies war nur in intensiven Momenten zu sehen. In diesen Momenten wirkte ihre Schönheit überirdisch. Sie war wie die Schönheit der Houri der Türken.

Ihre Augen waren von einem glänzenden Schwarz. Lange, dunkle Wimpern hingen über ihnen. Ihre Brauen waren leicht unregelmäßig, hatten aber die gleiche Farbe. Das Seltsame an ihren Augen lag nicht an ihrer Form, Farbe oder Helligkeit. Es lag an ihrem Ausdruck. Der Ausdruck der Augen von Ligeia!

Ich habe viele Stunden lang darüber nachgedacht. Ich habe die ganze Nacht versucht es zu verstehen. Was war es? Es war tiefer als der Brunnen des Demokrit. Es war in den Augen meiner Geliebten verborgen. Was war es? Ich wollte es herausfinden. Diese Augen! Sie waren groß, hell und göttlich. Sie waren wie Zwillingssterne. Ich war für sie wie ein Astrologe.

Es gibt etwas Spannendes in der Wissenschaft des Geistes. Wir wollen uns oft an etwas Vergessenes erinnern. Aber es gelingt nur beinahe. Ich habe oft Ligeias Augen studiert. Ich konnte fast ihren Blick verstehen. Aber es gelang mir nie ganz. Er kam fast zu mir und ging dann wieder weg.

Ich fand ein ähnliches Gefühl in alltäglichen Dingen um mich herum. Ligeias Schönheit hatte meinen Geist berührt. Danach spürte ich dieses Gefühl in vielen Dingen. Ihre Augen lösten bei mir immer dieses Gefühl aus. Aber ich konnte es nicht definieren oder analysieren. Ich konnte es nicht einmal klar sehen.

Ich habe Ligeia in einer schnell wachsenden Rebe gespürt. Ich habe sie in einer Motte, einem Schmetterling, einer Puppe und fließendem Wasser gespürt. Ich habe sie im Ozean und in einem fallenden Meteoriten gespürt. Ich habe sie in den Blicken sehr alter Menschen gespürt. Es gibt einen oder zwei Sterne am Himmel. Ein Stern ist etwas Besonderes. Er ist in der Nähe eines großen Sterns in der Leier. Ich habe es gespürt, als ich diesen Stern durch ein Teleskop betrachtete. Ich habe es bei den Klängen von

Streichinstrumenten und bei Teilen von Büchern gespürt.

Ich erinnere mich an etwas aus einem Buch von Joseph Glanvill. Es hat mich immer so fühlen lassen: *„Der Wille stirbt nicht. Wer kennt die Macht des Willens? Gott ist ein großer Wille in allen Dingen. Der Mensch gibt weder den Engeln noch dem Tod nach. Höchstens durch einen schwachen Willen."*

Ich habe Jahre lang über eine Verbindung zwischen diesem Abschnitt und einem Teil von Ligeias Charakter nachgedacht. Ihr intensives Denken, Handeln oder Sprechen zeigte ihren starken Willen. Während unserer gemeinsamen Zeit zeigte sie keine anderen Anzeichen für diesen Willen. Von allen Frauen, die ich kannte, hatte die stille Ligeia die stärksten Leidenschaften. Ich konnte ihre Leidenschaft nur in ihren Augen, ihrer sanften Stimme und ihren intensiven Worten sehen.

Ligeia war sehr gebildet. Sie wusste mehr als jede andere Frau. Sie war sehr gut in den klassischen Sprachen. In den modernen europäischen Sprachen machte sie nie Fehler. Mangelte es Ligeia an Wissen? Hatte ich jemals das Gefühl? Das war einzigartig bei meiner Frau. Erst jetzt ist mir das klar.

Ihr Wissen ist so groß wie bei keiner anderen Frau. Aber hat irgendein Mann alle moralischen, physikalischen und mathematischen Wissenschaften gemeistert? Ich sah damals etwas nicht. Jetzt sehe ich es. Ligeias Wissen war riesig und erstaunlich. Ich wusste, sie stand weit über mir. Sie würde mich durch die verwirrende Welt der metaphysischen Studien führen. In den ersten Jahren unserer Ehe war ich sehr damit beschäftigt. Sie half mir beim Studium. Ich empfand große Freude und Hoffnung. Sie zeigte mir einen Weg zur Weisheit. Es schien fast göttlich zu sein.

Nach einigen Jahren verschwanden meine Hoffnungen. Wie groß war mein Kummer! Ohne Ligeia war ich wie ein verlorenes Kind. Ihre Anwesenheit und ihre Lektüre machten die Geheimnisse klar. Ohne ihre leuchtenden Augen schienen die Briefe langweilig zu sein. Jetzt leuchteten ihre Augen seltener auf den Seiten der Briefe. Ligeia wurde krank.

Ihre wilden Augen leuchteten hell. Ihre blassen Finger sahen aus wie Wachs. Die blauen Adern auf ihrer Stirn schwollen an und sanken vor Rührung. Sie musste sterben. Ich kämpfte im Geiste mit dem Tod. Ihre Kämpfe waren stärker als meine. Ich dachte, sie würde dem Tod furchtlos ins Auge sehen. Aber ich irrte mich. Worte können ihren erbitterten Kampf gegen den Tod nicht beschreiben. Ich stöhnte vor Schmerz bei diesem Anblick. Ich wollte sie beruhigen und mit ihr reden. Aber ihr Wunsch nach Leben machte Trost und Vernunft nutzlos. Bis zum Ende behielt sie einen ruhigen Blick. Ihre Stimme wurde sanft und leise. Ich werde mich nicht mit ihren leisen Worten aufhalten. Meine Gedanken drehten sich, als ich ihrer Stimme lauschte. Sie war wie eine Melodie jenseits des Menschlichen. Sie sprach von vollkommen unbekannten Träumen und Hoffnungen.

Ich hätte nicht an ihrer Liebe zu mir zweifeln dürfen. Ihre Liebe war keine gewöhnliche Leidenschaft. Ich hätte das wissen müssen.

Als sie starb, spürte ich ihre starke Liebe. Sie hielt stundenlang meine Hand. Sie sagte mir, wie sehr sie mich liebte. Ihre Liebe war wie eine Anbetung. Wie hatte ich eine solche Liebe verdient? Wie hatte ich es verdient, sie zu verlieren? Ich kann nicht mehr darüber sprechen. Ligeia liebte mich zutiefst. Ihre Liebe war mehr, als ich verdiente. Sie wollte so sehr leben. Ich kann ihren starken Wunsch zu leben nicht beschreiben.

In der Nacht ihres Todes rief sie mich an ihre Seite.

Sie bat mich, Verse vorzulesen. Sie hatte sie Tage davor geschrieben. Ich tat, was sie verlangte.

„Oh Gott!“, schrie Ligeia, sprang auf und hob die Arme. „O Gott! O göttlicher Vater! Werden diese Dinge immer so sein? Wird dieser Eroberer niemals besiegt werden? Sind wir nicht ein Teil von Dir? Wer kennt die Geheimnisse des Willens und seiner Kraft?“

Der Mensch gibt weder den Engeln noch dem Tod nach. Oder er hat einen schwachen Willen. Sie ließ ihre weißen Arme sinken und ging zurück auf ihr Sterbebett. Sie murmelte leise bei letzten Atemzügen. Ich lauschte und hörte die gleichen Worte von Glanvill.
„Der Mensch gibt weder den Engeln noch dem Tod nach, es sei denn durch einen schwachen Willen.“ Dann starb sie.

Ich war von Trauer erdrückt und konnte nicht in meinem einsamen Haus am Rhein bleiben. Ich hatte viel Reichtum. Ligeia hatte mir viel mehr gegeben als die meisten Menschen bekommen. Nach einigen Monaten des Umherziehens kaufte ich eine Abtei in einem abgelegenen Teil Englands und richtete sie ein. Das dunkle und großartige Gebäude passte zu meinen Gefühlen der Verlassenheit. Auch das wilde Land und die alten Erinnerungen passten zu meiner Stimmung.

Das Äußere der Abtei hatte sich kaum verändert. Es war mit grünen Pflanzen bepflanzt. Innen habe ich es sehr schön gemacht. Ich hoffte, das würde meine Traurigkeit lindern. Schon als Kind mochte ich solche Dinge. Jetzt, in meinem Kummer, wollte ich sie wiederhaben.
Die reiche und seltsame Dekoration hatte etwas Verrücktes.
Es gab feierliche ägyptische Schnitzereien, wilde Gesimse und Goldteppiche mit verrückten Mustern. Ich war ein Sklave des Opiums.
Meine Arbeit und meine Aufträge waren wie meine Träume.
Aber ich will nicht auf diese Absurditäten eingehen. Ich werde nur von einem verfluchten Zimmer sprechen. In einem Moment des Wahnsinns

führte ich die blonde, blauäugige Lady Rowena Trevanion als meine Braut vom Altar in dieses Gemach. Sie ersetzte die unvergessene Ligeia.

Ich erinnere mich an jeden Teil der Architektur und Dekoration des Brautgemachs. Wo waren die Seelen ihrer stolzen Familie? Sie ließen eine geliebte Tochter in einen solchen Raum für Gold.

Ich erinnere mich an die Details des Raums. Ich vergesse wichtige Themen. Das Zimmer hatte keine Ordnung. Es befand sich in einem hohen Turm des Schlosses. Der Raum war groß und hatte fünf Seiten. Ein großes Fenster bedeckte die Südseite. Das Fenster war aus einem Stück Glas aus Venedig. Es war grau eingefärbt. Bei Sonnen- oder Mondlicht wirkte der Raum unheimlich. Ein alter Weinstock wuchs über dem Fenster. Die Decke war aus dunklem Eichenholz gefertigt. Sie war sehr hoch und hatte viele Schnitzereien. In der Mitte hing ein großes goldenes Weihrauchfass an einer goldenen Kette. Das Räuchergefäß hatte viele Löcher, in denen bunte Feuer brannten. Um ihn herum standen ein paar Hocker und goldene Kerzenständer. Es gab auch ein niedriges, geschnitztes Ebenholzbett mit einem Baldachin darüber.

In jeder Ecke des Raumes stand ein riesiger schwarzer Granitsarg. Diese Särge stammten aus den Gräbern der Könige in der Nähe von Luxor. Ihre alten Deckel wiesen antike Schnitzereien auf. Die Vorhänge des Raumes waren die Hauptattraktion. Die hohen Wände waren mit einem schweren, großen Wandteppich bedeckt. Dieser Wandteppich befand sich auch auf dem Fußboden, den Hockern, dem Bett und dem Betthimmel. Der Stoff war ein reiches Goldgewebe. Er enthielt schwarze arabeske Figuren. Sie waren etwa einen Meter breit. Diese Figuren sahen aus verschiedenen Blickwinkeln unterschiedlich aus. Bei Betreten des Raums schienen sie einfache Formen zu sein. Bei Bewegungen veränderten sich diese Formen. Sie verwandelten sich in unheimliche Formen. Man konnte sie mit normannischem

Aberglauben oder den bösen Träumen der Mönche in Verbindung bringen.

Der seltsame Effekt wurde durch einen starken Wind hinter den Vorhängen noch stärker. Das gab dem Raum ein unheimliches und unbehagliches Gefühl. In Räumen wie diesem und in diesem Brautzimmer verbrachte ich den ersten Monat meiner Ehe mit Lady Rowena Trevanion von Tremaine. Wir verbrachten ihn mit wenig Sorgen. Meine Frau fürchtete meine schlechte Laune. Sie mied mich und liebte mich wenig. Ich bemerkte das. Aber es gefiel mir. Ich hasste sie mit einem tiefen Hass. Ich dachte nur an Ligeia, meine geliebte, schöne, tote Frau. Ich erinnerte mich an ihre Reinheit, Weisheit und ihr hohes Wesen. Ich erinnerte mich an ihre leidenschaftliche Liebe. Mein Geist brannte mit mehr Feuer als der ihre. In meinen Opiumträumen rief ich nachts oder tagsüber an ruhigen Orten ihren Namen. Ich sehnte mich zutiefst nach ihr. Ich wollte sie am liebsten wieder zum Leben erwecken. Konnte das für immer sein?

Im zweiten Monat ihrer Ehe wurde Lady Rowena sehr krank. Sie erholte sich nur langsam. Das Fieber machte ihr die Nächte schwer. Im Halbschlaf sprach sie von Geräuschen und Bewegungen in der Turmstube. Ich dachte, diese Geräusche kämen aus ihrer Fantasie oder aus dem Zimmer selbst. Es ging ihr besser. Aber bald wurde sie wieder sehr krank. Diesmal erholte sie sich nie mehr vollständig. Ihre Krankheiten wurden immer schwerer und häufiger. Ihre Ärzte konnten ihr nicht viel helfen. Ihre Krankheit verschlimmerte sich. Sie wurde immer nervöser und ängstlicher. Sie sprach oft von den Geräuschen und Bewegungen in den Wandteppichen.

Eines Abends Ende September sprach sie eindringlicher darüber. Sie war gerade aus einem unruhigen Schlaf aufgewacht. Ich hatte ihr dünnes Gesicht mit Sorge und Angst beobachtet. Ich saß neben ihrem schwarzen Bett auf einem indischen Hocker. Sie setzte sich teilweise auf und flüsterte von diesen Geräuschen. Ich konnte die Geräusche nicht hören. Sie sah auch Bewegungen. Auch diese konnte ich nicht sehen. Der Wind rauschte hinter den Wandteppichen. Ich wollte ihr zeigen: Die Geräusche und Bewegungen sind nur der Wind. Aber ihr Gesicht blieb blass. Also waren meine Bemühungen vergeblich. Sie schien in Ohnmacht zu fallen. Niemand war in der Nähe und konnte ihr helfen. Ich erinnerte mich an eine Flasche leichten Wein. Die Ärzte hatten sie ihr verschrieben. Ich wollte sie schnell holen. Ich ging unter dem Licht hindurch. Da fielen mir zwei seltsame Dinge auf. Etwas Unsichtbares zog an mir vorbei. Ich sah einen schwachen Schatten auf dem goldenen Teppich. Er sah aus wie der Schatten eines Engels.

Ich war sehr aufgeregt. Ich hatte wohl zu viel Opium genommen. Sonst hatte ich nicht viel mitbekommen. Ich sagte Rowena nichts davon. Ich fand den Wein und durchquerte das Zimmer. Ich schenkte einen Becher Wein ein. Ich hielt ihn an die Lippen der ohnmächtigen Frau. Sie hatte sich teilweise erholt und nahm den Kelch selbst.
Ich setzte mich auf einen Hocker und beobachtete sie. Dann hörte ich leise Schritte auf dem Teppich neben der Couch. Rowena hob den Wein an die Lippe. Ich sah oder glaubte zu sehen, wie von irgendwo her drei oder vier große Tropfen in den Becher fielen. Die Tropfen waren rubinrot. Rowena hat das nicht gesehen. Sie trank den Wein ohne zu zögern. Ich habe ihr nichts davon erzählt. Ich hielt es für eine Einbildung. Die Angst, das Opium und die späte Stunde haben das vielleicht noch verschlimmert.

Aber Rowenas Zustand verschlechterte sich nach dem Fallen der Tropfen schnell. In der dritten Nacht bereiteten ihre Diener sie für die Beerdigung vor. In der vierten Nacht saß ich allein mit ihrem verhüllten Körper. Es war das Zimmer, in dem wir geheiratet hatten.

Seltsame Visionen vom Opium erschienen vor mir. Ich schaute nervös auf die Sarkophage im Raum. Ich sah die sich verändernden Figuren auf der

Draperie. Ich beobachtete die bunten Feuer in dem Räuchergefäß darüber. Dann wanderte mein Blick zu einer Stelle unter dem Licht des Räuchergefäßes. Ich erinnerte mich, dort zuvor einen schwachen Schatten gesehen zu haben. Der Schatten war verschwunden.
Ich fühlte mich erleichtert und blickte auf die blasse Gestalt auf dem Bett.
Erinnerungen an Ligeia überfluteten meinen Geist. Ich empfand tiefe Trauer beim Anblick ihres Körpers. Die Nacht verging langsam.
Ich dachte immer wieder an meine Geliebte und starrte auf Rowenas Körper.

Es könnte Mitternacht oder eine andere Zeit gewesen sein.
Ich wusste die Zeit nicht. Ein leises, deutliches Schluchzen ließ mich aus meinen Gedanken aufschrecken. Es kam von dem Ebenholzbett: dem Todesbett. Ich lauschte ängstlich. Das Geräusch kam nicht wieder.
Ich hielt Ausschau nach einer Bewegung des Leichnams. Es gab keine.
Aber ich hatte etwas gehört. Meine Seele war geweckt.

Ich behielt die Leiche im Auge. Viele Minuten vergingen ohne jede Veränderung. Dann sah ich eine schwache Farbe auf den Wangen und Augenlidern. Ich empfand große Angst und Ehrfurcht. Mein Herz blieb stehen. Mein Körper erstarrte. Aber meine Pflicht half mir ruhig zu bleiben. Ich erkannte: Rowena war noch am Leben. Wir hatten zu früh gehandelt. Ich musste schnell handeln. Die Diener waren weit weg in einem anderen Teil der Abtei. Ich konnte sie nicht rufen. Dafür musste ich den Raum für viele Minuten verlassen. Also versuchte ich sie allein wiederzubeleben. Bald darauf erlitt sie einen Rückfall. Die Farbe verließ ihr Gesicht. Ihre Lippen sahen schrumpelig und tot aus. Ihr Körper wurde kalt und klamm. Sie zeigte wieder alle Anzeichen des Todes.

Mit einem Schaudern fiel ich zurück auf die Couch. Ich war wachgerüttelt worden. Ich dachte wieder an Ligeia. Eine Stunde verging.
Dann hörte ich ein undeutliches Geräusch aus dem Bett.
Ich lauschte entsetzt. Das Geräusch kam wieder. Es war ein Seufzen.

Ich eilte zum Leichnam. Ich sah ein Zittern auf den Lippen. Eine Minute später entspannten sich die Lippen. Sie zeigten eine Reihe von Zähnen. Ich empfand Erstaunen und tiefe Ehrfurcht. Meine Sicht wurde trübe. Meine Gedanken schweiften ab. Ich musste mich irgendwie auf meine Aufgabe konzentrieren. Auf der Stirn, der Wange und dem Hals war ein Leuchten. Der Körper fühlte sich warm an. Es gab einen leichten Herzschlag. Die Frau lebte. Ich bemühte mich noch mehr sie wiederzubeleben. Ich massierte und badete ihre Schläfen und Hände. Ich versuchte alles aus meiner Erfahrung und medizinischer Lektüre. Aber es funktionierte nicht.

Plötzlich war die Farbe aus dem Gesicht verschwunden.
Der Puls blieb stehen. Die Lippen sahen wieder tot aus. Der ganze Körper wurde kalt und steif. Wie wenn ihre Leiche schon tagelang in einer Gruft liegt.

Ich träumte wieder von Ligeia. Ich hörte ein leises Schluchzen aus dem Ebenholzbett. Warum sollte ich die Schrecken jener Nacht beschreiben? Warum sollte ich erzählen, wie der Körper bis zum Morgengrauen viele Male wieder zum Leben erwachte? Jedes Mal schien er auf schlimmere Weise wieder zu sterben. Jeder Kampf sah aus wie ein Kampf mit einem unsichtbaren Feind. Jeder Kampf veränderte das Aussehen des Körpers.

Der größte Teil der Nacht verging. Die tote Frau bewegte sich wieder, stärker als zuvor. Sie erwachte aus einem noch hoffnungsloseren Tod. Ich hörte auf, mich zu bewegen und saß still auf dem Hocker.
Ich empfand viele starke Gefühle. Extreme Ehrfurcht war noch das am wenigsten schreckliche Gefühl.

Der Leichnam bewegte sich wieder, stärker als zuvor. Ihr Gesicht sah lebendig aus. Die Gliedmaßen entspannten sich. Nur die geschlossenen Augen und die schwere Kleidung ließen sie noch immer tot aussehen. Ich hätte denken können, dass Rowena dem Tod entronnen war.

Wenn ich es damals nicht geglaubt hatte, so konnte ich es jetzt nicht bezweifeln. Die Gestalt erhob sich vom Bett. Sie bewegte sich schwach und mit geschlossenen Augen, wie in einem Traum. Sie bewegte sich in die Mitte des Raumes.

Ich zitterte nicht und bewegte mich nicht. Viele Gedanken erfüllten meinen Geist und ließen mich erstarren. Ich bewegte mich nicht. Ich starrte nur die Gestalt an. Meine Gedanken waren wild und chaotisch. Konnte es die lebende Rowena sein, die mir gegenüberstand? Könnte es Rowena sein, die blonde, blauäugige Lady Rowena Trevanion von Tremaine? Warum sollte ich daran zweifeln? Der Verband war um den Mund, aber konnte es der Mund der lebenden Lady von Tremaine sein? Die Wangen hatten Farbe wie im Leben. Ja, das könnten die Wangen der lebenden Lady von Tremaine sein. Und das Kinn mit seinen Grübchen sah aus wie ihres. War sie seit ihrer Krankheit größer geworden?

Welcher Wahnsinn hat mich bei diesem Gedanken gepackt? Ich sprang zu ihren Füßen! Sie wich vor meiner Berührung zurück. Ihre Kopfbedeckung fiel ab. Langes, wirres Haar strömte heraus. Es war schwärzer als Mitternacht! Die Augen der Gestalt öffnen sich langsam. „Hier“, rief ich, „ich kann mich nicht irren – das sind die wilden Augen meiner verlorenen Liebe, Lady Ligeia.“

Das verräterische Herz

Sie haben Recht! Ich war sehr nervös. Aber deshalb bin ich nicht verrückt. Die Krankheit hat meine Sinne geschärft. Sie hat sie nicht abgestumpft. Mein Gehör war sehr gut. Ich hörte alles im Himmel und auf der Erde. Ich habe viele Dinge in der Hölle gehört. Wie kann ich dann verrückt sein? Hört zu! Ich kann dir die ganze Geschichte in aller Ruhe erzählen.

Ich kann nicht sagen, wie ich auf diese Idee gekommen bin. Aber dann verfolgte sie mich Tag und Nacht. Es gab keinen Grund dafür. Es gab keine Leidenschaft. Ich liebte den alten Mann. Er hat mir nie Unrecht getan. Er hat mich nie beleidigt. Ich wollte sein Gold nicht. Es war sein Auge! Ja, das war es!

Er hatte das Auge eines Geiers. Es war blass und blau und mit einem Schleier bedeckt. Er sah mich an, und ich spürte kalte Angst. Immer mehr wollte ich den alten Mann töten. Ich wollte von dem Auge befreit werden.

Das ist der springende Punkt. Sie denken, ich bin verrückt. Verrückte wissen nichts. Aber Sie hätten mich sehen sollen. Sie hätten sehen sollen, wie klug ich gehandelt habe. Ich war sehr vorsichtig und habe alles gut geplant. Ich war nie gütiger zu dem alten Mann als in der Woche bevor ich ihn tötete. Jeden Abend gegen Mitternacht öffnete ich ganz vorsichtig seine Tür. Ich stellte eine dunkle Laterne hinein und machte sie zu. So schien kein Licht heraus. Dann steckte ich ganz langsam den Kopf hinein. Ich wollte ihn nicht wecken. Nach einer Stunde hatte ich meinen Kopf weit genug hineingesteckt. Dann konnte ich ihn in seinem Bett sehen. Würde ein Verrückter so klug sein? Mein Kopf war irgendwann im Zimmer. Dann öffnete ich die Laterne ein wenig. Ein dünner Lichtstrahl fiel auf das Geierauge. Das tat ich sieben Nächte lang um Mitternacht.

Aber das Auge war immer geschlossen. Ich konnte die Arbeit nicht tun. Nicht der alte Mann quälte mich. Sein Auge des Bösen quälte mich.

Jeden Morgen in der Dämmerung ging ich in sein Zimmer.
Ich sprach mit fester Stimme zu ihm. Ich fragte ihn, wie er geschlafen hatte. Er ahnte nicht, dass ich ihn jeden Abend um zwölf Uhr beobachtete.

In der achten Nacht war ich sehr vorsichtig beim Öffnen der Tür.
Der Minutenzeiger einer Uhr bewegte sich schneller als ich.
Ich fühlte mich in dieser Nacht sehr stark und schlau. Ich konnte meine Freude kaum verbergen. Ich öffnete die Tür langsam.
Er hatte keine Ahnung von meinen geheimen Aktionen.
Ich lachte leise bei dem Gedanken. Vielleicht hatte er mich gehört.
Denn er bewegte sich plötzlich im Bett. Vielleicht weil er Angst hatte.

Sie denken vielleicht, ich hätte mich zurückgezogen. Aber das habe ich nicht. Sein Zimmer war sehr dunkel. Die Fensterläden waren geschlossen. Er wollte damit Räuber fernhalten. Er konnte nicht sehen, wie sich die Tür öffnete. Also schob ich sie langsam weiter, immer weiter auf.

Ich hatte den Kopf eingezogen und wollte die Laterne öffnen.
Mein Daumen rutschte auf dem Blechverschluss ab. Der alte Mann sprang im Bett auf und rief: „Wer ist da?"

Ich blieb ganz still und sagte nichts. Eine Stunde lang habe ich mich nicht bewegt. Ich hörte nicht ob er sich wieder hinlegte.

Er saß immer noch aufrecht im Bett und lauschte. Genau wie ich selbst, Nacht für Nacht. Wie eine Totenwache an der Wand. Ich hörte ein leises Stöhnen. Es war ein Stöhnen aus Angst. Es war kein Stöhnen des Schmerzes oder der Traurigkeit. Es war ein leises, gedämpftes Geräusch aus dem Inneren. Ich kannte dieses Geräusch gut. Immer um Mitternacht, wenn die Welt schlief: Da spürte ich es in mir selbst. Es machte meine Ängste noch schlimmer. Ich wusste, was der alte Mann fühlte. Er tat mir leid. Aber ich war auch zufrieden. Ich wusste, er war seit dem ersten kleinen Geräusch wach. Seine Angst war gewachsen. Er versuchte zu glauben, es sei nichts. Er sagte sich: „Es ist nur der Wind im Schornstein“ oder „Es ist nur eine Maus auf dem Boden“ oder „Es ist nur eine zirpende Grille.“ Er versuchte, sich mit diesen Gedanken zu beruhigen, aber es funktionierte nicht. Es klappte nicht. Denn der Tod war hinter ihm her. Sein Schatten wickelte ihn ein. Dieser Schatten ließ ihn meine Anwesenheit im Raum spüren. Auch wenn er meinen Kopf nicht sehen oder hören konnte.

Ich wartete lange Zeit. Ich hörte ihn nicht sich wieder hinlegen. Ich öffnete einen kleinen Spalt in der Laterne. Ich öffnete ihn ganz langsam. Ein kleines schwaches Licht kam heraus. Glitzernd wie eine Spinnwebe fiel es auf das Geierauge.

Das Auge war weit geöffnet. Ich wurde beim Anschauen wütend. Es war stumpfblau und mit dem Schleier bedeckt. Es ließ mich frösteln. Ich konnte weder das Gesicht noch den Körper des alten Mannes sehen. Das Licht war nur auf das Auge gerichtet.

Ich sagte ja, meine Sinne sind scharf, nicht verrückt. Ich hörte ein leises, schnelles Geräusch. Es war wie eine in Watte gepackte Uhr. Ich kannte das Geräusch gut. Es war das pochende Herz des alten Mannes. Es machte mich noch wütender. So wie eine Trommel einen Soldaten mutiger macht.

Ich blieb still und ruhig. Ich habe kaum geatmet. Ich hielt die Laterne still. Ich hielt das Licht auf das Auge. Das Herz schlug schneller und lauter. Der alte Mann muss große Angst gehabt haben! Es wurde jeden Moment lauter! Verstehst du das? Ich bin nervös, habe ich ja gesagt.

Es war spät in der Nacht. Im Haus war es still. Ein seltsames Geräusch erschreckte mich. Ich stand ein paar Minuten lang still. Das Geräusch wurde lauter. Ich dachte, mein Herz würde zerspringen. Ich hatte Angst, ein Nachbar könnte es hören. Die Zeit des alten Mannes war gekommen. Ich schrie und öffnete die Laterne. Ich sprang ins Zimmer. Er schrie einmal. Ich zerrte ihn auf den Boden. Ich zog das schwere Bett über ihn. Ich lächelte. Es war fast geschafft. Das Herz schlug viele Minuten lang. Es war gedämpft. Man konnte es durch die Wand nicht hören. Schließlich hörte es auf. Der alte Mann war tot. Ich bewegte das Bett und untersuchte den Körper. Er war tot. Ich legte meine Hand für viele Minuten auf sein Herz. Es hat nicht mehr geschlagen. Er war wirklich tot. Sein Auge würde mich nicht mehr stören.

Wenn du immer noch denkst, dass ich verrückt bin, wirst du deine Meinung ändern. Ich erzähle dir jetzt, wie ich die Leiche versteckt habe. Die Nacht verging. Ich arbeitete schnell und leise. Zuerst habe ich den Kopf, die Arme und die Beine abgetrennt. Ich hob drei Bretter vom Boden auf und versteckte alles zwischen den Balken. Ich legte die Bretter sehr vorsichtig zurück. Keiner konnte etwas sehen.

Es gab nichts zu reinigen. Es gab keine Flecken oder Blut. Ich war vorsichtig gewesen. Eine Wanne hatte alles aufgefangen. Als ich fertig war, war es vier Uhr morgens. Es war noch dunkel. Die Glocke läutete. Jemand klopfte an die Tür. Ich ging hin, um sie zu öffnen. Ich fühlte mich ruhig. Ich hatte nichts zu befürchten. Drei Männer traten ein. Sie sagten, sie seien von der Polizei. Ein Nachbar hatte in der Nacht einen Schrei gehört. Sie dachten, es sei etwas Schlimmes passiert. Sie meldeten es der Polizei. Die Beamten wollten das Haus durchsuchen.

Ich lächelte. Ich hatte nichts zu befürchten. Ich hieß sie willkommen. Ich sagte, der Schrei käme mir aus einem Traum. Ich sagte, der alte Mann sei auf dem Lande. Ich führte sie durch das Haus. Ich sagte ihnen, sie sollten gut suchen. Ich führte sie in sein Zimmer.

Ich zeigte ihnen seine Sachen, sicher und unberührt. Ich war zuversichtlich. Ich brachte Stühle in das Zimmer. Ich bat sie, sich auszuruhen. Ich setzte mich auf die Stelle, wo die Leiche versteckt war.

Die Beamten waren zufrieden. Mein Verhalten hat sie überzeugt. Ich fühlte mich sehr ruhig. Sie setzten sich zu mir und unterhielten sich mit mir. Aber bald wurde ich blass. Sie sollten gehen.

Mein Kopf tat weh, und ich glaubte, ein Klingeln in meinen Ohren zu hören. Sie saßen weiter und unterhielten sich. Das Klingeln wurde lauter. Ich sprach weiter. Ich wollte damit das Gefühl unterdrücken. Das Klingeln ging weiter und wurde deutlicher. Das Geräusch war gar nicht in meinen Ohren.

Ich sah wahrscheinlich blass aus. Ich sprach lauter und flüssiger. Das Geräusch wurde lauter. Was konnte ich tun? Es war ein leises, dumpfes, schnelles Geräusch. Wie eine in Baumwolle eingewickelte Uhr. Ich schnappte nach Luft. Aber die Beamten hörten es nicht. Ich sprach schneller und intensiver. Aber das Geräusch wurde noch lauter.

Ich stand auf und diskutierte laut und mit großen Gesten über Kleinigkeiten. Der Lärm wurde immer größer. Warum sollten sie nicht gehen? Ich ging mit schweren Schritten hin und her, als wäre ich sehr wütend über die Bemerkungen der Männer. Der Lärm schwoll immer mehr an. Oh Gott! Was sollte ich nur tun? Ich schäumte, tobte und fluchte! Ich schwang meinen Stuhl und scharrte mit ihm auf dem Boden. Aber der Lärm überdeckte alles und wurde nur noch lauter.

Es wurde lauter, lauter, lauter! Die Männer unterhielten sich noch immer und lächelten. Konnten sie es wirklich nicht hören? Allmächtiger Gott! Nein, sie hörten es! Sie ahnten es! Sie wussten es! Sie haben sich über meine Angst lustig gemacht! Das habe ich damals gedacht, und das denke ich jetzt. Alles war besser als dieser Schmerz!

Alles war besser als ihr Spott!

Ich konnte dieses falsche Lächeln nicht länger ertragen! Ich fühlte, dass ich schreien oder sterben musste! Und jetzt – noch einmal – hör zu! lauter! lauter! lauter! lauter! lauter!

„Schurken!“, schrie ich, „verstellt euch nicht länger! Ich gebe die Tat zu! Reißt die Planken auf! Hier, hier! Es ist das Schlagen seines hässlichen Herzens!“

Ein Abstieg in den Strudel

Gottes Wege in der Natur und Vorsehung sind nicht wie unsere Wege. Unsere Modelle entsprechen nicht der Weite und Tiefe seiner Werke. Seine Werke sind tiefer als der Brunnen des Demokrit.
Joseph Glanvill.

Wir hatten nun die Spitze des höchsten Felsens erreicht. Einige Minuten lang schien der alte Mann zu müde zum Sprechen.

„Vor nicht allzu langer Zeit", sagte er schließlich, „hätte ich dich so gut führen können wie mein jüngster Sohn. Aber vor etwa drei Jahren ist mir etwas passiert, was noch nie einem Menschen passiert ist. Oder es hat kein Mensch überlebt. Daher konnte keiner davon berichten. Ich musste sechs Stunden tödlicher Angst ertragen. Das hat mir Leib und Seele gebrochen. Ihr denkt, ich sei sehr alt. Aber das bin ich nicht. In weniger als einen Tag, färbte sich mein Haar von schwarz zu weiß, meine Glieder wurden schwach und meine Nerven lösen. Jetzt zittere ich bei der kleinsten Anstrengung und fürchte mich vor einem Schatten. Ich kann kaum über diese kleine Klippe schauen, ohne dass mir schwindlig wird. Wusstest du das?"

Die „kleine Klippe" war sehr steil. Er lag am Rande. Der Großteil seines Körpers hing darüber. Nur sein Ellbogen bewahrte ihn vor dem Sturz. Die Klippe war ein hoher, schwarz glänzender Felsen. Sie lag sehr hoch über den darunter liegenden Felsen. Ich wollte nicht in die Nähe des Randes gehen. Ich hatte Angst um meinen Freund. Ich legte mich auf den Boden und hielt mich an den Sträuchern fest. Ich schaute nicht in den Himmel. Ich hatte das Gefühl, dass der Berg wegen des Windes abstürzen könnte. Erst sehr spät hatte ich den Mut, mich aufzusetzen und hinauszuschauen.

„Du musst aufhören, Angst zu haben", sagte der Führer.

„Ich habe dich zur besten Aussicht geführt. Ich will dir die Geschichte erzählen, während du die Stelle siehst."

„Wir befinden uns jetzt in der Nähe der norwegischen Küste", fuhr er fort. „Wir befinden uns auf dem 68. Breitengrad, in Nordland und auf den Lofoten. Der Berg, auf dem wir uns befinden, heißt Helseggen, der Bewölkte." Er sprach merkwürdig. Anders als alle anderen. „Heben Sie sich nun ein wenig höher. Halten Sie das Gras fest, wenn Ihnen schwindlig wird. Schauen Sie über den Nebel unter uns hinaus auf das Meer."

Ich schaute und sah einen weiten Ozean. Das Wasser war sehr dunkel. Es erinnerte mich an den Bericht des nubischen Geografen über das Mare Tenebrarum, das dunkle geheimnisvolle Meer. Der Anblick war sehr traurig und leer. Rechts und links befanden sich schwarze Klippen, soweit ich sehen konnte. Die Klippen sahen aus wie die Mauern der Welt. Die Wellen schlugen gegen die Klippen und ließen sie noch dunkler erscheinen. Die Wellen machten laute Geräusche.

Vor uns, etwa fünf oder sechs Meilen auf dem Meer, befand sich eine kleine, kahle Insel. Sie war wegen der Wellen um sie herum schwer zu erkennen. Etwa zwei Meilen näher am Land befand sich eine weitere, kleinere Insel. Diese Insel war felsig und kahl. Dunkle Felsen umgaben sie an verschiedenen Stellen.

Das Meer zwischen der fernen Insel und der Küste sah sehr seltsam aus.

Ein starker Wind wehte in Richtung Land. Ein weit entferntes Schiff blieb mit einem kleinen Segel stehen. Das Schiff verschwand oft in den Wellen. Das Wasser war in allen Richtungen rau und unruhig. Außer in der Nähe der Felsen gab es wenig Schaumkronen.

„Die Insel in der Ferne", sagte der alte Mann, „wird von den Norwegern

Vurrgh genannt. Die Insel in der Mitte ist Moskoe. Die eine Meile nördlich ist Ambaaren. Dort drüben liegen Islesen, Hotholm, Keildhelm, Suarven und Buckholm. Noch weiter entfernt, zwischen Moskoe und Vurrgh, liegen Otterholm, Flimen, Sandflesen und Stockholm. Dies sind die wahren Namen der Orte. Aber warum werden sie überhaupt genannt? Hören Sie etwas? Siehst du eine Veränderung im Wasser?“

Wir waren seit etwa zehn Minuten auf dem Gipfel des Helseggen. Wir waren vom Inneren des Lofoten aus aufgestiegen und hatten das Meer bis jetzt nicht gesehen. Während der alte Mann sprach, hörte ich ein lautes anwachsendes Geräusch. Es war wie das Stöhnen vieler Büffel auf einer amerikanischen Prärie. Das aufgewühlte Meer unter uns ging in eine ostwärts gerichtete Strömung über.

Beim Zusehen bewegte sich die Strömung sehr schnell. Jeden Moment wurde sie schneller. In fünf Minuten war das Meer wild bis nach Vurrgh. Das größte Chaos herrschte zwischen Moskoe und der Küste. Hier teilte sich das Wasserbett in viele Kanäle. Es brach in wilde Bewegung aus – wogend, kochend und zischend. Riesige Strudel drehten sich und bewegten sich sehr schnell in Richtung Osten.

Nach ein paar weiteren Minuten veränderte sich die Szene erneut. Die Oberfläche wurde glatter. Die Strudel verschwanden einer nach dem anderen. Große Schaumstreifen erschienen. Vorher waren da keine. Diese Schlieren breiteten sich weit aus und vereinigten sich. Sie begannen sich zu drehen wie die alten Strudel. Plötzlich bildeten sie einen großen Kreis, der über eine Meile breit war.

Der Rand des Wirbels war ein breiter Gürtel aus heller Gischt. Kein Teil dieser Gischt drang in die Öffnung des Trichters ein. Das Innere des Trichters war glatt, glänzend und schwarzes Wasser. Er war in einem Winkel von etwa fünfundvierzig Grad geneigt.

Das Wasser drehte sich schnell und schwankte. Es machte ein lautes Geräusch, halb schreiend, halb brüllend. Dieses Geräusch war lauter als die Niagarafälle.

Der Berg bebte, und der Fels bewegte sich. Ich lag auf dem Gesicht und hielt mich am Gras fest. Ich war sehr verängstigt.

„Das", sagte ich zu dem alten Mann, „muss der große Strudel des Mahlstrom sein."

„Ja", sagte er. „Wir Norweger nennen ihn Moskoe-Strom, von der Insel Moskoe."

Die üblichen Geschichten über diesen Strudel haben mich nicht auf diesen Anblick vorbereitet. Jonas Ramus hat den umfangreichsten Bericht geschrieben. Aber er hat weder die Schönheit noch den Schrecken der Szene eingefangen. Es war in Wirklichkeit verstörend. Ich weiß nicht, von wo oder wann er es gesehen hat. Aber es war nicht von der Spitze des Helseggen oder während eines Sturms. Einige Teile seiner Beschreibung können wegen ihrer Einzelheiten zitiert werden. Aber sie bleiben schwach angesichts des wahren Spektakels.

„Zwischen Lofoten und Moskoe", sagt er, „ist das Wasser zwischen 36 und 40 Klafter tief. Aber auf der anderen Seite, in Richtung Ver (Vurrgh), nimmt die Tiefe ab. Das kann ein Schiff auch bei ruhigem Wetter kaum durchfahren, ohne auf Felsen zu stoßen. Bei Hochwasser fließt der Strom zwischen Lofoten und Moskoe sehr schnell. Das Tosen der Ebbe ist sehr laut, wie die lautesten Wasserfälle. Der Lärm ist viele Meilen weit zu hören. Die Gruben sind sehr groß und tief. Ein Schiff, das sich darin verfängt, wird nach unten gezogen und gegen die Felsen geschleudert. Bei ruhigem Wasser werden die Teile wieder hochgeschleudert. Diese ruhigen Zeiten gibt es nur beim Wechsel von Ebbe und Flut und bei ruhigem Wetter. Sie dauern nur 15 Minuten.

Dann kommt die Gewalt zurück. Wenn der Strom am heftigsten ist und ein Sturm ihn noch verschlimmert, darf man sich ihm nicht bis auf eine norwegische Meile nähern. Boote, Yachten und Schiffe sind schon davongetragen worden, weil sie nicht rechtzeitig ausgewichen sind.

Wale kommen dem Strom oft zu nahe. Sie werden von seiner Kraft überwältigt. Sie heulen und brüllen beim Versuch zu entkommen. Ein Bär versuchte einmal, vom Lofoten nach Moskoe zu schwimmen. Der Strom erfasste ihn und zog ihn hinunter. Er brüllte laut. Sogar die Menschen am Ufer hörten ihn. Große Tannen und Kiefern werden von der Strömung mitgerissen. Sie steigen gebrochen und zerrissen wieder auf und sehen aus, als hätten sie Borsten. Das zeigt: Der Grund besteht aus zerklüfteten Felsen. Der Strom wird von den Gezeiten des Meeres gesteuert. Alle sechs Stunden gibt es Hoch- und Niedrigwasser. Im Jahr 1645, am Sonntag Sexagesima, war er sehr laut und stark. Steine von Häusern an der Küste fielen zu Boden."

Ich konnte nicht verstehen, wie die Wassertiefe in der Nähe des Strudels gemessen wurde. Mit „vierzig Klafter" meinte er wahrscheinlich Teile des Kanals in der Nähe des Ufers von Moskoe oder Lofoten. Die Tiefe in der Mitte des Moskoe-Stroms ist viel größer. Das kann man beim Blick vom höchsten Felsen des Helseggen in den Strudel sehen.

Ich blickte von der Spitze auf das laute Phlegethon hinunter und musste lächeln. Jonas Ramus schrieb einfache Geschichten über Wale und Bären. Es fiel ihm selbst schwer sie zu glauben. Auch dass das größte Schiff der starken Anziehungskraft nicht widerstehen konnte. Das wurde mir klar. Das Schiff würde schnell verschwinden wie eine Feder in einem Sturm.

Die Versuche, das Phänomen zu erklären, schienen nun unbefriedigend. Die gängige Vorstellung ist, dass dieser und drei kleinere Wirbel in der Nähe der Ferroe-Inseln durch Wellen verursacht werden, die auf Felsen treffen. Die Wellen heben und senken sich. Dadurch entsteht ein Effekt wie ein Wasserfall. Das Wasser steigt hoch an und fällt tief. So bildet sich ein Strudel. Diese starke Anziehungskraft ist bereits aus kleineren Versuchen bekannt. Dies sind die Worte aus dem englischen Lexikon. Kircher und andere glauben, dass es ein tiefes Loch im Zentrum des Mahlstroms gibt. Es soll durch die Erde gehen und weit entfernt wieder herauskommen, möglicherweise im Bottnischen Meerbusen.

Diese Idee von einem Loch bis zum anderen Ende der Welt schien hier nicht zu zählen. Aber ich glaubte es. Ich erzählte es meinem Reiseführer. Ich war überrascht. Er sagte, die meisten Norweger glaubten daran. Aber er nicht. Er konnte diese Idee nicht verstehen. Ich stimmte ihm zu. Wegen des lauten Geräuschs des Abgrunds machte es eigentlich keinen Sinn.

„Jetzt hast du den Strudel gesehen", sagte der alte Mann. „Geh' du hinter diesen Felsen in den Windschatten des Lärms. Da werde ich dir eine Geschichte erzählen. Sie wird zeigen, was ich über den Moskoe-Strom weiß."

Ich begab mich dahin wie verlangt, und er begann.

„Meine beiden Brüder und ich besaßen ein kleines Fischerboot. Wir fischten oft in der Nähe der Inseln hinter Moskoe fast bis nach Vurrgh. Bei starken Meeresströmungen kann man dort gut fischen, wenn man mutig genug ist. Aber nur wir drei fischten regelmäßig auf diesen Inseln. Die meisten Fischer blieben weiter südlich. Dort sind die Fische leichter zu fangen und es ist sicherer. Also fischten sie lieber dort."

Die besten Stellen zwischen den Felsen bieten die größte und beste Vielfalt. Wir fischten oft an einem Tag so viel andere in einer Woche. Wir gingen große Risiken ein. Dafür mussten wir weniger arbeiten.

Mut war unser Kapital.

Wir hielten unser Boot in einer Bucht fünf Meilen die Küste hinauf. Bei gutem Wetter überquerten wir den Hauptkanal des Moskoe-Stroms. Das taten wir während der fünfzehn Minuten, in denen die Strömung ruhig war. Wir ankerten in der Nähe von Otterholm oder Sandflesen. Dort war das Wasser ruhiger. Dort blieben wir, bis es Zeit war, nach Hause zu fahren. Wir warteten am Beginn immer auf einen stetigen Seitenwind. Wir haben uns selten beim Wind geirrt. Nur zweimal in sechs Jahren mussten wir die ganze Nacht vor Anker bleiben, weil kein Wind wehte. Einmal blieben wir wegen eines Sturms fast eine Woche. Der Kanal war zu rau zum Durchqueren.

Wir wurden fast aufs Meer hinausgetrieben. Die Strudel haben uns herumgewirbelt. Unser Anker blieb stecken und schleifte. Wir drifteten in eine Querströmung. Diese Strömung drückte uns unter den Windschatten von Flimen. Wir hatten Glück. Dort konnten wir halten.

Ich kann Ihnen nicht alle unsere Probleme aufzählen. Es ist eine schlechte Stelle, auch bei gutem Wetter. Wir haben es geschafft, die Moskoe-Strömung ohne Unfälle zu passieren. Manchmal hatte ich Herzklopfen, wenn wir zu spät oder zu früh dran waren. Der Wind war schwächer als wir dachten. Wir kamen langsamer voran, als wir wollten. Die Strömung machte es uns schwer, das Boot zu kontrollieren.

Mein ältester Bruder hatte einen 18-jährigen Sohn. Ich hatte zwei starke Jungs. Sie hätten beim Fegen und Fischen helfen können. Aber wir wollten sie nicht in Gefahr bringen. Es war eine wirklich schreckliche Gefahr. Und das ist die Wahrheit.

Dies geschah vor fast drei Jahren. Es war der zehnte Tag, der 18. Juli. Die Menschen hier werden diesen Tag nie vergessen. Einer der schrecklichsten Wirbelstürme aller Zeiten brach vom Himmel herunter.

Den ganzen Vormittag und bis zum späten Nachmittag herrschte eine leichte Brise. Die Sonne schien hell. Selbst der älteste Seemann konnte nicht vorhersagen, was passieren würde.

Meine beiden Brüder und ich gingen um zwei Uhr zu den Inseln.
Wir fingen viele Fische und beluden unser Boot. Wir merkten:
Es gab mehr Fische als sonst. Um sieben Uhr fuhren wir nach Hause.
Wir wollten die schlimmste Strömung um acht Uhr vermeiden.

Wir hatten einen frischen Wind auf unserer rechten Seite.
Wir bewegten uns schnell und fühlten uns sicher. Plötzlich kam eine Brise von über Helseggen. Das war vorher noch nie passiert.
Ich fühlte mich unwohl, wusste aber nicht, warum. Wir versuchten, gegen den Wind zu segeln, konnten aber wegen der Wirbel nicht vorwärtskommen. Ich überlegte zurück zum Ankerplatz zu fahren.
Dann sahen wir eine seltsame kupferfarbene Wolke. Sie stieg schnell am Horizont auf.

Die Brise hörte auf. Wir trieben in alle Richtungen. Dies dauerte nicht lange. In weniger als einer Minute traf uns der Sturm. In weniger als zwei Minuten war der Himmel dunkel. Wir konnten uns gegenseitig im Boot nicht sehen.

Der Orkan war nicht zu beschreiben. Der älteste Seemann Norwegens hat so etwas noch nie gesehen. Wir ließen unsere Segel los, bevor der Sturm uns traf. Bei der ersten Böe brachen beide Masten ab.
Der Großmast nahm meinen jüngsten Bruder mit. Er hatte sich daran festgebunden.

Unser Boot war sehr leicht. Es hatte ein flaches Deck mit einer kleinen Luke an der Vorderseite. Wir schlossen diese Luke immer beim

Überqueren der Strömung. So wollten wir uns vor rauer See schützen. Das hat uns gerettet. Denn wir waren einen Moment lang unter Wasser begraben. Ich weiß nicht wie: Aber mein älterer Bruder hat überlebt. Ich hatte das Focksegel losgelassen. Dann legte ich mich flach auf das Deck. Ich stützte mich mit den Füßen an der Kante ab und hielt eine Ringschraube in der Nähe des Mastes fest. Ich handelte aus Instinkt. Es war das Beste, was ich tun konnte. Ich war zu aufgeregt zum Nachdenken.

Einige Augenblicke lang waren wir völlig durchnässt. Ich hielt meinen Atem an und klammerte mich an den Bolzen. Irgendwann hielt ich es nicht mehr aus. Ich richtete ich mich auf den Knien auf. Ich hielt mich mit den Händen fest und bekam einen klaren Kopf. Unser kleines Boot schüttelte sich wie ein Hund, der aus dem Wasser kommt. Das half, etwas Wasser loszuwerden.

Ich wollte die Betäubung abschütteln und meine Sinne sammeln. Ich überlegte, was ich als nächstes tun sollte. Dann merkte ich jemand. Er griff meinen Arm. Es war mein älterer Bruder. Mein Herz machte einen Sprung vor Freude. Ich dachte, er ist über Bord gegangen. Aber dann schlug meine Freude in Entsetzen um. Er hielt seinen Mund dicht an mein Ohr und brüllte: „Moskoe-Strom!"

Niemand wird jemals meine Gefühle in diesem Moment verstehen. Ich schüttelte mich von Kopf bis Fuß wie bei einem Schüttelfrost. Ich wusste, was er mit diesem einen Wort meinte. Mit dem Wind, der uns antrieb, steuerten wir auf den Strudel der Strömung zu. Nichts konnte uns mehr retten!

Wenn wir den Strömungskanal durchquerten, fuhren wir immer weit oberhalb des Wirbels. Das haben wir auch bei ruhigem Wetter gemacht. Dann mussten wir warten und auf die Flaute achten. Aber jetzt fuhren wir in einem Orkan direkt in den Wirbel hinein! Ich dachte, wir können die Flaute erreichen und Hoffnung schöpfen. Aber dann verfluchte ich mich für meine Hoffnung. Ich wusste, wir wären dem Untergang geweiht. Selbst mit einem viel größeren Schiff.

Zu diesem Zeitpunkt hatte sich die erste Wut des Sturms gelegt. Vielleicht spürten wir ihn aber auch nicht so sehr. Wir bewegten uns ja mit ihm. Das Meer war anfangs flach und schaumig, jetzt wuchs es zu riesigen Wellen an. Auch der Himmel veränderte sich. Er war immer noch schwarz. Aber über uns erschien ein klarer Himmelskreis. Der Himmel war tiefblau, und der Vollmond leuchtete hell. Er beleuchtete alles deutlich. Aber was für eine Szene, die er beleuchtete!

Ein oder zwei Mal versuchte ich, mit meinem Bruder zu sprechen. Aber der Lärm war so laut geworden, dass er mich nicht mehr hören konnte. Ich schrie ihm ins Ohr. Aber er konnte immer noch kein Wort hören.

Er schüttelte den Kopf und sah sehr blass aus. Er hielt einen Finger hoch, um zu sagen: „Hör zu!“

Zuerst habe ich ihn nicht verstanden. Dann kam mir ein schrecklicher Gedanke. Ich zog meine Uhr heraus. Sie war stehen geblieben. Ich sah sie im Mondlicht an. Ich weinte und warf sie in den Ozean. Sie war um sieben Uhr stehen geblieben! Wir waren nicht pünktlich zur Flaute gewesen. Und der Wirbel der Strömung war sehr stark!

Ein gut gebautes, leichtes Boot reitet es bei starkem Wind gut auf den Wellen. Für jemanden, der nicht segelt, scheint das seltsam. Bis jetzt hatten wir die Wellen gut überstanden. Doch dann traf uns eine riesige Welle von hinten. Sie hob uns hoch in den Himmel. Ich hätte nicht gedacht, dass eine Welle so hoch sein kann. Dann fielen wir schnell hinunter. Davon wurde mir schlecht und schwindelig. Als ob ich im Traum von einem Berg falle. Ganz oben sah ich mich schnell um. Dieser eine Blick reichte aus. Der Moskoe-Strom-Wirbel war ganz nah vor uns. Er sah viel stärker aus als sonst.

Wenn ich nicht wüsste, wo wir waren, würde ich den Ort nicht erkennen. Ich schloss entsetzt die Augen. Meine Augenlider schlossen sich fest wie in einem Krampf.

Zwei Minuten später spürten wir, wie sich die Wellen beruhigten. Schaum umgab uns. Das Boot drehte scharf nach links. Dann raste es wie ein Blitz davon. Das Tosen des Wassers wurde von einem schrillen Schrei übertönt. Es klang wie wenn viele Dampfrohre gleichzeitig Dampf ablassen. Wir befanden uns nun in der Brandung um den Strudel herum. Wir würden wohl bald in den Abgrund stürzen. Wegen unserer Geschwindigkeit konnten wir ihn nur schwach sehen. Das Boot sank nicht. Es glitt wie eine Seifenblase über das Wasser. Die rechte Seite war dem Strudel zugewandt. Die linke Seite war dem Ozean zugewandt, den wir verlassen hatten. Der Ozean stand wie eine riesige Wand zwischen uns und dem Horizont.

Es klingt vielleicht seltsam. Aber ich fühlte mich in den Fängen des Strudels ruhiger. Ich hatte die Hoffnung verloren und fühlte weniger Angst als davor. Ich glaube, die Verzweiflung hatte mich nervös gemacht.

Es mag wie Prahlerei klingen, aber ich sage die Wahrheit. Ich dachte, wie schön es war, so zu sterben. Ich fand es albern, mir Sorgen um mein eigenes Leben zu machen. Ich sah Gottes Macht und schämte mich, nur an mich zu denken. Nach einer Weile wurde ich sehr neugierig auf den Strudel. Ich wollte seine Tiefen erforschen. Auch wenn ich dafür sterben musste. Am meisten bedauerte ich, dass ich meinen Freunden an Land nicht von den Geheimnissen erzählen konnte. Es waren seltsame Gedanken in einer solchen Situation. Vielleicht hat mich das ständig drehende Boot ein wenig verrückt gemacht.

„Es gab noch etwas, was mich ruhig bleiben ließ. Der Wind hörte dort auf. Er konnte uns nicht mehr erreichen. Der Brandungsgürtel ist niedriger als der Meeresgrund. Der erhob sich nun wie ein hoher, schwarzer Berg über uns. Du warst wohl noch nie in einem schweren Sturm auf dem Meer. Du kannst dir die Verwirrung nicht vorstellen, die Wind und Gischt verursachen. Sie blenden, betäuben und ersticken einen und nehmen einem jede Kraft zum Handeln und Denken. Wir waren nun von diesen Problemen befreit. Es war, als ob Gefangene vor ihrem Tod kleine Leckerbissen bekämen.

Wir haben den Gürtel viele Male umrundet. Es ist schwer zu sagen, wie oft. Wir bewegten uns etwa eine Stunde lang schnell. Wir kamen näher an die Mitte der Woge heran. Dann näherten wir uns dem gefährlichen Rand. Ich hielt mich die ganze Zeit an der Ringschraube fest. Mein Bruder stand hinten und hielt ein kleines leeres Wasserfass. Es war unter dem Stall festgebunden und war als einziges vom Sturm nicht weggefegt.

Wir näherten uns der Kante. Da ließ er das Fass los. Er wollte mir die Ringschraube entreißen. Er war sehr verängstigt und führte sich wie ein Irrer auf. Ich war sehr traurig darüber. Er war verrückt geworden. Ich habe nicht mit ihm um die Ringschraube gekämpft. Ich wusste, dass es keine Rolle spielte, wer sie festhielt. Also überließ ich ihn ihm und ging zum Fass. Es war nicht schwer, das zu tun, denn das Boot bewegte sich gleichmäßig und schwankte nur mit dem Strudel.

Ich hatte mich gerade an meinem neuen Platz eingerichtet. Plötzlich kippten wir nach rechts. Wir stürzten in ein tiefes Loch. Ich habe schnell zu Gott gebetet. Ich dachte, das ist das Ende.

Wir fielen, und ich hielt den Lauf fest. Ich schloss meine Augen. Ich öffnete sie einige Sekunden lang nicht. Ich dachte, ich würde ertrinken. Aber ich war noch am Leben. Das Fallen hörte auf.

Das Boot bewegte sich wie zuvor, aber es neigte sich mehr.
Ich fühlte mich mutig und schaute mich um.

Ich werde nie vergessen, was ich sah. Das Boot hing in der Mitte eines riesigen Trichters. Die Seiten waren glatt und dunkel und drehten sich schnell. Das Licht des Vollmonds schien auf die Wände und tief in das Loch hinein.

Zuerst war ich zu verwirrt, um klar zu sehen.

Ich sah einen Ausbruch von großer Schönheit. Als ich mich besser fühlte, schaute ich nach unten. Ich konnte gut sehen, denn das Boot hing am Hang des Beckens. Das Boot befand sich auf gleicher Höhe mit dem Wasser. Aber das Wasser hatte eine Neigung von mehr als fünfundvierzig Grad. Wir schienen auf der Seite zu liegen.
Ich konnte mich trotzdem gut festhalten und aufstehen. Das lag daran, dass wir uns schnell bewegten.

Das Licht des Mondes erreichte den Grund des tiefen Lochs.
Aber wegen des dichten Nebels sah ich nichts klar. Ein schöner Regenbogen hing über dem Nebel. Der Nebel kam von den Wänden des Trichters, die am Boden zusammenstießen. Ein lauter Schrei kam aus dem Nebel. Es war unbeschreiblich.

Unsere erste Rutschpartie in den Abgrund führte uns weit den Hang hinunter. Aber danach ging es nicht mehr viel weiter hinunter.
Wir bewegten uns im Kreis. Unsere Bewegung war nicht gleichmäßig. Wir schwankten und ruckelten. Manchmal legten wir eine kurze Strecke zurück. Manchmal vollendeten wir fast den Kreis. Wir bewegten uns langsam, aber deutlich nach unten.

Ich sah mich auf dem dunklen Wasser um. Unser Boot war nicht allein in dem Strudel. Ich sah Teile von Schiffen, große Holzstücke und Baumstämme. Es gab auch kleinere Dinge wie Möbel, zerbrochene Kisten und Fässer. Anstelle von Angst verspürte ich eine seltsame Neugier. Dieses Gefühl wurde immer stärker, je näher wir der Gefahr kamen. Ich beobachtete die Dinge, die mit uns schwammen, mit Interesse. Ich muss den Verstand verloren haben. Ich erriet sogar, welches Objekt als nächstes in die Gischt unter uns fallen würde. Ich dachte, eine Tanne würde als nächstes fallen. Aber dann fiel ein holländisches Schiffswrack vor ihm.

Nach vielen falschen Vermutungen begann ich gründlich nachzudenken. Mein Körper zitterte und mein Herz schlug schnell. Es war keine Angst. Es war eine neue Hoffnung. Diese Hoffnung kam aus der Erinnerung und was ich jetzt sah. Ich erinnerte mich an die vielen schwimmenden Dinge an der Küste von Lofoten. Diese Dinge waren vom Moskoe-Strom weggeworfen worden. Die meisten Gegenstände waren zerbrochen und rau. Einige Gegenstände waren überhaupt nicht beschädigt. Ich dachte, dass die zerbrochenen Gegenstände vollständig vom Strudel aufgesogen wurden. Die unbeschädigten Gegenstände gelangten erst spät oder langsam in den Strudel. Sie erreichten den Grund nicht, bevor die Flut kam. Sie wurden zurück an die Meeresoberfläche gedrückt. Sie haben nicht so gelitten wie früher oder schneller abgefangenen Gegenstände. Ich habe außerdem drei wichtige Beobachtungen gemacht.

Große Körper fallen schneller. Kugeln fallen schneller als andere Formen. Zylinder fallen langsamer als andere Formen. Ich habe mittlerweile mit einem alten Lehrer darüber gesprochen. Er lehrte mich die Begriffe „Zylinder“ und „Kugel“. Er erklärte mir, warum Zylinder in einem Wirbel dem Sog mehr Widerstand entgegensetzen.

Eine Sache hat mich dazu gebracht, diese Beobachtungen zu nutzen. Bei jeder Umdrehung fuhren wir an Fässern und Schiffsteilen vorbei. Diese Objekte waren höher als wir und bewegten sich kaum.

Ich wusste, was zu tun war.

Das Fass, an dem ich festgebunden war, sank erst auf halber Strecke in den Golf. Dann veränderte sich der Strudel stark. Die Seiten des Trichters wurden weniger steil. Der Strudel drehte sich immer weniger. Der Schaum und der Regenbogen verschwanden. Der Grund des Golfs stieg langsam an. Der Himmel war klar. Die Winde flauten ab.
Der Vollmond ging im Westen unter. Ich befand mich auf der Meeresoberfläche. Ich konnte die Küste des Lofoten sehen.
Ich befand mich über dem Moskoe-Strömungsbecken. Es war Flaute.
Aber das Meer hatte immer noch große Wellen vom Orkan.
Ich wurde in die Strömungsrinne geschoben. Nach ein paar Minuten wurde ich in das Gebiet der Fischer getragen. Ein Boot holte mich ab.
Ich war sehr müde und konnte vor Angst nicht sprechen.
Meine alten Freunde zogen mich an Bord. Aber sie kannten mich nicht.
Mein Haar, das am Tag zuvor noch schwarz war, war jetzt weiß.
Sie sagten, auch mein Gesicht sähe anders aus. Ich erzählte ihnen meine Geschichte. Aber sie glaubten mir nicht.

Das sage ich Ihnen jetzt. Ich erwarte nicht, dass ihr es mehr glaubt als die Fischer der Lofoten.“

Die Morde in der Rue Morgue

Welches Lied sangen die Syrer? Welchen Namen benutzte Achilles, als er sich bei den Frauen versteckte? Das sind rätselhafte Fragen. Aber wir können die Antworten erraten.
Sir Thomas Browne.

Analytische geistige Merkmale sind selbst schwer zu analysieren. Wir sehen nur ihre Auswirkungen. Wenn jemand sie stark hat, nutzt er sie gerne. Ein starker Mann findet es toll, mit seinen Muskeln zu spielen. Ein Analytiker genießt es seinen Verstand zu benutzen. Er mag Geheimnisse, Rätsel und Verschlüsselungen. Seine Lösungen wirken auf andere fast magisch. Seine Ergebnisse entspringen einer tiefen Methode. Sie erscheinen wie Eingaben von oben. Das Studium der höheren Mathematik kann diese Fähigkeit stärken. Dieser Zweig wird wegen seiner Zergliederung Analyse genannt. Rechnen ist allerdings nicht das Gleiche wie Analysieren.

Ein Schachspieler kann ohne große Anstrengung spielen. Die Leute verstehen nicht den Einfluss von Schach auf den Geist. Ich schreibe keine detaillierte Studie. Ich beginne eine einzigartige Geschichte mit zufälligen Gedanken. Ich glaube, dass Damespiel den Verstand besser beansprucht als Schach. Beim Schach bewegen sich die Figuren auf seltsame Weise und haben unterschiedliche Werte. Diese Komplexität wird oft als tiefes Denken angesehen. Aufmerksamkeit ist beim Schach sehr wichtig. Wer sich nicht mehr konzentrieren kann, macht Fehler und verliert. Es gibt viele mögliche Züge, daher passieren oft Fehler. Normalerweise gewinnt der Spieler, der sich besser konzentrieren kann. Beim Damespiel sind die Züge einfach und ändern sich nicht viel. Fehler sind weniger wahrscheinlich. Bei diesem Spiel kommt es mehr auf scharfes Denken als auf bloße Aufmerksamkeit an. Stellen Sie sich ein Damespiel mit nur vier Königen vor. In diesem Fall sind keine Fehler zu erwarten.

Wer hier gewinnen will, braucht einen besonderen Zug. Die Spieler müssen ihren Verstand benutzen. Ohne die üblichen Tricks denkt der Spieler wie sein Gegner. Er findet einfache Wege, um den Gegner zu Fehlern zu zwingen.

Whist (ein ähnliches Kartenspiel wie Bridge) hilft den Menschen, ihre Rechenkunst zu verbessern. Kluge Menschen haben mehr Spaß an Whist als an Schach. Whist fordert den Geist mehr heraus als Schach. Der beste Schachspieler ist nur gut im Schach. Ein guter Whist-Spieler kann in vielen Bereichen erfolgreich sein. Um beim Whist gut zu sein, muss man alle Möglichkeiten kennen, um zu gewinnen. Diese Wege sind zahlreich und oft dem normalen Denken verborgen.

Genau beobachten heißt, sich gut zu erinnern. Ein konzentrierter Schachspieler kann beim Whist gut abschneiden. Die Regeln von Hoyle sind leicht zu verstehen. Ein gutes Gedächtnis und das Befolgen der Regeln werden als gutes Spiel angesehen. Aber wahres Können zeigt sich jenseits der Regeln. Der Analytiker macht viele stille Beobachtungen und Vermutungen. Seine Mitspieler könnten das Gleiche tun. Der Unterschied liegt im Beobachten. Das Spiel beobachten ist der Schlüssel. So ein Spieler verschließt sich nicht. Er nutzt auch Hinweise von außerhalb des Spiels. Er beobachtet das Gesicht seines Partners und vergleicht es mit den Gesichtern seiner Mitspieler. Er achtet darauf, wie jeder Spieler seine Karten sortiert. Oft zählt er die Trümpfe und die Ehrenpunkte, indem er die Blicke der Spieler beobachtet. Er notiert jede Veränderung des Gesichtsausdrucks während des Spiels. Er lernt aus Zeichen der Gewissheit, der Überraschung, des Triumphs oder der Enttäuschung. An dem Stich eines Spielers errät er, ob er einen weiteren in dieser Farbe gewinnen kann.

Er weiß, was gespielt wird und wie es auf den Tisch gelegt wird. Ein beiläufiges Wort oder eine fallen gelassene Karte gibt Hinweise.

Angst oder Nachlässigkeit beim Verstecken von Karten geben ebenfalls Hinweise. Und noch mehr, wie die Stiche gezählt und angeordnet werden. Verlegenheit, Zögern, Eifer oder Angst geben ihm Anhaltspunkte. Nach den ersten Runden kennt er jedes Blatt. Er spielt dann seine Karten mit großer Genauigkeit aus. Er spielt als ob andere ihre Karten zeigen würden.

Analytische Kraft ist etwas anderes als Klugheit. Ein Analytiker ist klug. Aber ein kluger Mensch kann noch nicht gut analysieren. Klugheit zeigt sich oft im Aufbau oder in der Kombination von Dingen. Manche meinen, dies sei eine grundlegende Fähigkeit. Aber sie ist auch bei Menschen mit niedrigem Intellekt zu beobachten. Schriftsteller, die über Moral schreiben, haben dies festgestellt. Der Unterschied zwischen Klugheit und analytischer Fähigkeit ist sehr groß. Es ist wie der Unterschied zwischen Fantasie und Vorstellungskraft.

Kluge Menschen haben oft viele Ideen. Einfallsreiche Menschen sind auch gut im Analysieren. Die folgende Geschichte wird diese Idee erklären.

Ich lebte im Frühjahr und einen Teil des Sommers im 19. Jahrhundert in Paris. Dort lernte ich Monsieur C. Auguste Dupin kennen. Er stammte aus einer großen Familie. Aber viele schlimme Ereignisse machten ihn arm. Er verlor seinen Elan und versuchte nicht mehr sein Leben zu verbessern. Er musste viele Schulden von seinem Erbe bezahlen. Seine Gläubiger ließen ihm nur einen kleinen Teil übrig. Er lebte von diesem Geld, indem er sehr vorsichtig mit seinen Ausgaben war. Er kaufte nur was er brauchte. Bücher waren sein einziger Luxus. Die waren in Paris leicht zu finden.

Wir trafen uns zum ersten Mal in einer kleinen Bibliothek in der Rue Montmartre. Wir waren beide auf der Suche nach demselben seltenen Buch. Das hat uns zusammengebracht. Danach haben wir uns noch viele Male getroffen. Ich interessierte mich sehr für seine Familiengeschichte. Er erzählte sie mir ganz offen. Das tun die Franzosen oft, wenn sie über sich selbst sprechen.

Ich war erstaunt, wie viel er las. Seine wilden Ideen inspirierten mich. In Paris wollte ich Leute wie ihn treffen. Ich sagte ihm, dass ich seine Gesellschaft schätzte. Wir wollten während meines Aufenthaltes zusammenwohnen. Ich hatte mehr Geld als er. Also bezahlte ich die Miete und die Einrichtung eines seltsamen alten Hauses. Das Haus lag in einem ruhigen, einsamen Teil des Faubourg St. Germain. Es war alt und fast baufällig. Die Leute mieden es wegen des Aberglaubens.

Die Leute kannten unser tägliches Leben nicht. Sonst würden sie uns für verrückt halten. Aber wir waren harmlos. Wir lebten allein und bekamen keinen Besuch. Wir hielten unseren Aufenthaltsort vor meinen alten Freunden geheim. Dupin war in Paris seit Jahren nicht mehr bekannt. Wir lebten nur für uns selbst.

Mein Freund liebte die Nacht. Das war eine Laune des Schicksals. Ich schloss mich ihm in dieser Gewohnheit an. Ich folgte all seinen seltsamen Ideen. Wir dachten nicht über sie nach.

Der dunkle Geist blieb nicht immer bei uns. Aber wir konnten so tun, als ob sie da wäre. Im Morgengrauen schlossen wir alle Fensterläden unseres alten Gebäudes. Wir zündeten zwei Kerzen an. Sie dufteten stark und spendeten ein schwaches Licht. Bei diesem Licht lasen, schrieben oder redeten wir: bis die Uhr uns sagte, dass es Nacht geworden war. Dann gingen wir Arm in Arm auf die Straße.
Wir unterhielten uns über den Tag oder wanderten in die Ferne, auf der Suche nach geistiger Erregung in den Lichtern und Schatten der Stadt.

Bei diesen Gelegenheiten bemerkte ich Dupins besondere Fähigkeit zur Analyse. Er nutzte diese Fähigkeit gerne und gab zu, dass sie ihm

Freude bereitete. Er sagte mir, dass die meisten Männer für ihn wie offene Bücher seien. Oft bewies er sein tiefes Wissen über mich mit überraschenden Beispielen. In diesen Momenten war sein Verhalten kalt und distanziert. Seine Augen wirkten leer. Seine Stimme, normalerweise voll, wurde hoch, aber klar und bedächtig.

Ich betrachtete ihn. Ich dachte an die Idee einer zweigeteilten Seele. Ich stellte mir einen doppelten Dupin vor: einen mit Ideen und einen mit Lösungen.

Ich erzähle keinen Krimi oder eine Romanze. Meine Betrachtung über den Franzosen war nur das Ergebnis seines erregten oder vielleicht kranken Geistes. Seine Äußerungen zeigen, was ich meine.

Eines Abends gingen wir eine lange, schmutzige Straße in der Nähe des Palais Royal entlang. Wir waren beide in Gedanken versunken und hatten seit mindestens fünfzehn Minuten nicht mehr miteinander gesprochen. Plötzlich sagte Dupin: „Er ist ein sehr kleiner Kerl, das ist wahr. Und er wäre besser für das Théâtre des Variétés geeignet“.

„Daran besteht kein Zweifel“, antwortete ich. Ich dachte gar nicht nach. Ich bemerkte zunächst nicht, dass Dupin meine Gedanken geteilt hatte. Dann wurde es mir klar und ich war sehr überrascht.

„Dupin“, sagte ich ernst, „das übersteigt mein Verständnis. Ich bin erstaunt und kann es kaum glauben. Woher wussten Sie, dass ich an ...?“ Ich hielt inne, um zu sehen, ob er wirklich wusste, an wen ich dachte.

„-- von Chantilly“, sagte er, „warum halten Sie inne? Sie dachten, dass er wegen seiner geringen Größe nicht für eine Tragödie geeignet ist. Das habe ich auch gedacht. Chantilly war einst Schuster in der Rue St. Denis. Er war besessen von der Schauspielerei und versuchte, den Xerxes in Crébillons Tragödie zu spielen. Er wurde dafür verspottet.“

„Sagen Sie mir bitte“, sagte ich, „wie haben Sie meine Gedanken zu diesem Thema gelesen?“ Ich wollte meine Überraschung verbergen.

„Es war der Obstverkäufer“, sagte mein Freund, „der dich glauben ließ, der Schuster sei zu klein für Xerxes.“

„Der Obstverkäufer? Sie überraschen mich. Ich kenne keinen Obstverkäufer.“

„Der Mann, der Sie vor einer Viertelstunde angerempelt hat, als wir die Straße betraten.“

Jetzt erinnerte ich mich daran, dass mich ein Obstverkäufer mit einem großen Korb voller Äpfel fast umgeworfen hatte, als wir die Rue C verließen und in diese Straße einbogen. Aber was hatte das mit Chantilly zu tun?

Dupin war kein Betrüger. „Ich werde es erklären“, sagte er. „Wir werden Ihre Gedanken zurückverfolgen. Von dem Moment an, als ich Sie zum ersten Mal ansprach, bis zu dem Zeitpunkt, an dem der Obstverkäufer Sie anrempelte.“

Die größeren Glieder der Kette sind Chantilly, Orion, Dr. Nichols, Epicurus, Stereotomie und die Straßensteine. Viele Menschen haben ihre Gedanken zurückverfolgt. Sie wollten sehen, wie sie zu einer bestimmten Schlussfolgerung gekommen sind. Das kann sehr interessant sein. Wenn jemand dies zum ersten Mal versucht, ist er oft überrascht. Der Ausgangspunkt und das Ende können sehr weit voneinander entfernt sein. Ich war erstaunt, als ich den Franzosen sprechen hörte. Ich musste zugeben, dass er Recht hatte. Er fuhr fort:

„Wir hatten über Pferde gesprochen, bevor wir die Rue C verließen. Das war unser letztes Thema. Um die Ecke zog ein Obstverkäufer mit einem großen Korb an uns vorbei. Er stieß dich auf einige Pflastersteine, auf denen die Straße gerade ausgebessert wurde. Sie traten auf einen losen Stein, rutschten aus und verletzten sich leicht am Knöchel. Sie haben offenbar geärgert. Sie murmelten ein paar Worte, sahen auf den Steinhaufen und gingen dann schweigend weiter. Ich habe nicht besonders darauf geachtet, was Sie getan haben. Aber das Beobachten ist für mich zur Gewohnheit geworden.

Sie haben sich den Boden angesehen. Sie haben auf die Löcher und Furchen geschaut. Sie haben an die Steine gedacht. Das konnte ich sehen. Wir erreichten die Gasse namens Lamartine. Sie hat spezielle überlappende und genietete Blöcke. Ihr Gesicht hellte sich auf. Ich sah, wie sich Ihre Lippen bewegten. Sie haben ‚Stereotomie' gesagt. Dieses Wort wird für diese Art von Pflaster verwendet. Sie denken also an die Atome und die Theorien von Epikur. Wir haben vor nicht allzu langer Zeit darüber gesprochen. Ich erwähnte: Die Vermutungen von Epikur wurden durch die Nebelkosmogonie bestätigt. Sie haben zu dem Nebel im Orion aufgeschaut. Denn Sie haben nach oben geschaut. Ich wusste, dass ich Ihren Gedanken richtig gefolgt war. Gestern erschien im ‚Musée' ein bitterer Artikel über Chantilly.

Der Autor machte sich über die Namensänderung des Schusters lustig. Er zitierte eine lateinische Zeile. Über die haben wir oft diskutiert: Perdidit antiquum litera prima sonum (Der erste Buchstabe zerstört den altgewohnten Klang). Ich habe Ihnen gesagt, dass es um Orion geht. Der hieß ursprünglich Urion. Sie haben sich daran erinnert. Das wusste ich. Sie brachten Orion und Chantilly in Verbindung. åIch sah es an Ihrem Lächeln. Sie haben an das Ende des armen Schusters gedacht. Sie gingen in die Knie, aber dann standen Sie aufrecht. Weil Sie an Chantillys geringe Größe dachten. Da sagte ich: ‚Chantilly passt wegen ihrer Größe besser ins Théâtre des Variété.'"

Bald darauf lasen wir eine Abendausgabe der „Gazette des Tribunaux".

Die folgenden Absätze erregten unsere Aufmerksamkeit:

Außergewöhnliche Morde: Heute Morgen gegen drei Uhr wachten die Bewohner des Quartier St. Roch durch laute Schreie auf. Die Schreie kamen aus dem vierten Stock eines Hauses in der Rue Morgue. Dieses Haus bewohnten Madame L'Espanaye und ihre Tochter Mademoiselle Camille L'Espanay. Nach einer gewissen Verzögerung wurde das Tor mit einem Brecheisen aufgebrochen. Acht oder zehn Nachbarn kamen mit zwei Polizeibeamten herein.

Zu diesem Zeitpunkt hatten die Schreie aufgehört. Die Gruppe eilte die Treppe hinauf. Aus dem oberen Teil des Hauses hörten sie raue Stimmen. Sie stritten sich. Auf dem zweiten Treppenabsatz verstummten die Geräusche. Alles war still. Die Gruppe verteilte sich und eilte von Zimmer zu Zimmer. Sie kamen in einem großen Hinterzimmer im vierten Stock an. Die Tür war verschlossen und der Schlüssel steckte. Sie brachen sie auf.

Sie sahen eine Szene des Entsetzens und Erstaunens. Das Zimmer war in wilder Unordnung. Die Möbel waren zerbrochen und umhergeworfen. Es gab ein Bettgestell. Aber das Bett stand mitten auf dem Boden. Ein blutiges Rasiermesser lag auf einem Stuhl. Auf dem Herd lagen zwei oder drei lange, dicke, graue Haarsträhnen, ebenfalls blutig und an den Wurzeln ausgerissen.

Auf dem Boden lagen vier Goldmünzen, ein Topas-Ohrring, drei große Silberlöffel, drei kleinere Löffel aus algerischem Metall und zwei Taschen mit fast viertausend Goldfranken. Die Schubladen einer Kommode in einer Ecke waren offen und durchwühlt, aber einige Gegenstände blieben erhalten. Unter dem Bett befand sich ein kleiner Eisentresor. Er war offen. Der Schlüssel steckte noch in der Tür. In der Schachtel befanden sich ein paar alte Briefe und unwichtige Papiere.

Sie haben Madame L'Espanaye nicht gefunden. Sie sahen eine Menge Ruß im Kamin. Sie durchsuchten den Schornstein und fanden die Leiche der Tochter. Die Leiche lag mit dem Kopf nach unten und war noch warm. Die Leiche hatte viele Kratzer und blaue Flecken. Sie war wohl erstickt worden.

Sie durchsuchten das ganze Haus, sie fanden aber nichts weiter. Sie gingen zu einem kleinen Hof hinter dem Gebäude. Dort fanden sie die Leiche der alten Frau. Ihre Kehle war durchgeschnitten. Ihr Kopf fiel ab, als sie sie bewegten. Die Leiche war stark beschädigt und schwer zu erkennen.

Es gibt noch keinen Anhaltspunkt für dieses Geheimnis.
Die Zeitung vom nächsten Tag enthielt weitere Einzelheiten:

Die Tragödie in der Rue Morgue.

Viele Menschen wurden zu diesem seltsamen und beängstigenden Ereignis befragt. Aber es sind keine neuen Informationen herausgekommen. Im Folgenden finden Sie alle wichtigen Zeugenaussagen.

Die Wäscherin Pauline Dubourg sagt, sie habe beide Verstorbenen drei Jahre lang gekannt. In dieser Zeit wusch sie ihre Wäsche. Die alte Dame und ihre Tochter schienen sich nahe zu stehen und sich zu lieben. Sie zahlten gut. Sie wusste nicht, womit sie ihr Geld verdienten. Sie glaubt, dass Madame L. mit Wahrsagen ihren Lebensunterhalt verdiente. Madame L. hat wohl Geld gespart. Pauline sah nie jemand anderen im Haus, wenn sie Wäsche abholte oder ablieferte. Sie hatten kein Dienstmädchen. Da war sie sich sicher. Es gab keine Möbel außer im vierten Stock.

Der Tabakwarenhändler Pierre Moreau sagt: Er habe fast vier Jahre lang kleine Mengen Tabak und Schnupftabak an Madame L'Espanaye verkauft. Er ist in der Gegend geboren und hat immer dort gewohnt. Die Verstorbene und ihre Tochter lebten seit mehr als sechs Jahren in dem Haus. Ein Juwelier wohnte dort und vermietete die oberen Räume an verschiedene Personen. Madame L. war die Eigentümerin des Hauses.

Sie war mit dem Verhalten ihres Mieters unzufrieden. Sie zog selbst ein. Sie mietete keinen Teil. Die alte Dame benahm sich wie ein Kind. Der Zeuge sah die Tochter fünf oder sechs Mal in sechs Jahren. Sie führten ein sehr ruhiges Leben. Die Leute dachten, sie hätten Geld. Die Nachbarn sagten, Madame L. sei Wahrsagerin. Aber der Zeuge glaubte das nicht. Der Zeuge sah nur die alte Dame, ihre Tochter, einen Pförtner und einen Arzt das Haus betreten.

Viele Nachbarn sagten das Gleiche. Niemand hatte offenbar das Haus oft besucht. Es war nicht bekannt, ob Madame L. und ihre Tochter noch lebende Verwandte hatten. Die Fensterläden an der Vorderseite wurden selten geöffnet. Die Fensterläden an der Rückseite waren immer geschlossen, außer in einem großen Hinterzimmer im vierten Stock. Das Haus war in gutem Zustand und nicht sehr alt.

Der ein Polizeibeamte Isidore Musèt sagte, er sei gegen drei Uhr morgens zu dem Haus gerufen worden. Er fand zwanzig oder dreißig Personen vor dem Tor. Sie versuchten hineinzukommen. Er brach es mit einem Bajonett auf, nicht mit einem Brecheisen. Es war leicht zu öffnen, weil es ein Doppeltor war und weder oben noch unten verriegelt. Die Schreie hielten an. Als Tor aufgebrochen war, hörten sie plötzlich auf.

Sie hörten die Schreie von jemandem, der große Schmerzen hatte. Die Schreie waren laut und lang. Der Zeuge führte sie die Treppe hinauf. Auf dem ersten Treppenabsatz hörten sie zwei Stimmen, die sich lautstark stritten. Eine Stimme war rau, die andere war sehr schrill und seltsam. Die schroffe Stimme sprach einige französische Wörter wie „sacré“ und „diable“. Es war nicht die Stimme einer Frau. Die schrille Stimme war fremd. Die Zeugen konnten nicht sagen, ob es sich um einen Mann oder eine Frau handelte. Sie dachten, die Sprache könnte Spanisch sein. Der Raum und die Leichen waren wie gestern beschrieben.

Der Nachbar und Silberschmied Henri Duval sagte, er sei einer der ersten im Haus gewesen. Er stimmte mit der Aussage von Musèt überein. Sie schlossen die Tür, um die Menschenmenge fernzuhalten. Duval hielt die schrille Stimme für eine italienische. Er war sich sicher, dass sie nicht französisch war. Er konnte auch nicht erkennen, ob es eine Männer- oder eine Frauenstimme war. Er konnte kein Italienisch, aber der Tonfall verriet, dass es sich um einen Italiener handelte. Er kannte Madame L. und ihre Tochter und hatte oft mit ihnen gesprochen.

Die hohe Stimme stammte nicht von einem der beiden Toten.

Odenheimer ist ein Restaurantbesitzer. Er hat seine Aussage mit einem Dolmetscher gemacht. Er ist aus Amsterdam. Er war in der Nähe des Hauses, als er die Schreie hörte. Die Schreie dauerten mehrere Minuten, vielleicht zehn. Sie waren laut und beängstigend. Er ging in das Gebäude. Er stimmte mit den anderen Zeugen überein, bis auf eine Sache. Er war sich sicher, dass die hohe Stimme eine Männerstimme war, die Stimme eines Franzosen. Er konnte die Worte nicht verstehen. Die Stimme war laut, schnell und ungleichmäßig. Sie klang ängstlich und wütend. Die Stimme war rau, nicht hochtonig. Er konnte sie nicht als hohe Stimme bezeichnen. Die raue Stimme sagte „sacré“, „diable“ und einmal „mon Dieu“.

Jules Mignaud ist ein Bankier von Mignaud et Fils in der Rue Deloraine.

Er ist der ältere Mignaud. Madame L'Espanaye hatte etwas Geld. Sie eröffnete vor acht Jahren ein Konto bei seiner Bank. Sie hat oft kleine Beträge eingezahlt. Bis drei Tage vor ihrem Tod hat sie kein Geld abgehoben. Sie hob 4000 Francs in Gold ab. Ein Angestellter ging mit ihr und dem Geld nach Hause.

Adolphe Le Bon, der Angestellte bei Mignaud et Fils sagte, an diesem Tag ging er gegen Mittag mit Madame L'Espanaye zu ihrem Haus mit den 4000 Francs in zwei Taschen. Als sich die Tür öffnete, nahm ihm die Tochter Mademoiselle L'Espanaye eine der Taschen aus der Hand. Die alte Dame nahm die andere Tasche. Er verbeugte sich und ging. Ich habe niemanden auf der Straße gesehen. Es ist eine ruhige Seitenstraße.

Der Schneider William Bird sagt, er war bei der Gruppe, die das Haus betrat. Er ist Engländer. Er lebt seit zwei Jahren in Paris. Er ging als einer der ersten die Treppe hinauf. Er hörte streitende Stimmen. Die raue Stimme war französisch. Er hat einige Worte verstanden, kann sich aber nicht an alle erinnern. Er hörte deutlich „sacré" und „mon Dieu". Es gab Geräusche eines Kampfes. Die hohe Stimme war lauter als die raue Stimme. Es war nicht eine englische Stimme. Da war er sicher. Sie klang deutsch. Es könnte eine Frauenstimme gewesen sein. Er versteht kein Deutsch.

Vier Zeugen wurden nochmal befragt. Sie sagten aus, dass die Tür zum Zimmer mit der Leiche von Mademoiselle L. von innen verschlossen war. Alles war still - kein Stöhnen oder Geräusch. Sie brachen die Tür auf und niemand war drin. Die Fenster in beiden Räumen waren geschlossen und von innen verriegelt. Eine Tür zwischen den beiden Zimmern war zu, aber nicht verriegelt. Die Tür vom vorderen Zimmer zum Gang war mit dem Schlüssel von innen verschlossen.

Ein kleiner Raum im vorderen Teil des Hauses war offen. Die Tür war angelehnt. Dieses Zimmer befand sich im vierten Stock am Ende des Flurs. Der Raum war voll mit alten Betten und Kisten. Diese wurden umgestellt und durchsucht. Jeder Teil des Hauses wurde durchsucht. Schornsteinfeger stiegen die Schornsteine hoch und runter. Das Haus hatte vier Stockwerke und Dachböden. Eine Falltür auf dem Dach war zugenagelt. Sie war seit Jahren nicht mehr geöffnet worden. Die Zeitspanne zwischen dem Hören der Stimmen und dem Öffnen der Tür variierte. Einige sagten, es seien drei Minuten gewesen. Andere sagten, es seien fünf Minuten gewesen. Die Tür war schwer zu öffnen.

Alfonzo Garcio, ein Bestatter, sagt, er wohne in der Rue Morgue. Er ist aus Spanien. Auch er hatte das Haus betreten. Er ist nicht nach oben gegangen. Er ist nervös und hat Angst, sich aufzuregen. Er hörte die streitenden Stimmen. Die schroffe Stimme war die eines Franzosen. Er konnte die Worte nicht verstehen. Die schrille Stimme war die eines Engländers. Er ist sich dessen aufgrund des Tons sicher.

Der Konditor Alberto Montani sagt, er sei einer der ersten oben gewesen. Er hörte die Stimmen. Die schroffe Stimme war die eines Franzosen. Er verstand einige Worte. Der Sprecher schien sich zu streiten. Er konnte die Worte der hochtönigen Stimme nicht verstehen. Er sprach schnell und ungleichmäßig. Er denkt, es sei ein Russe. Das stimmt mit der allgemeinen Aussage überein. Ist Italiener. Hat noch nie mit einem Russen gesprochen.

Mehrere Zeugen sagen, die Schornsteine im vierten Stock sind zu eng für eine Person. Nur zylindrische Bürsten zum Reinigen von Schornsteinen passen eigentlich dort hinein. Diese Bürsten wurden in jedem Schornstein des Hauses verwendet. Es gibt keine Hintertür, durch die jemand nach unten gehen kann, während andere nach oben gehen. Die Leiche von Mademoiselle L'Espanaye steckte im Schornstein fest. Vier oder fünf Leute mussten sie herausziehen.

Der Arzt Paul Dumas sagt, er habe die Leichen im Morgengrauen gesehen. Sie lagen auf dem Bett in dem Zimmer, in dem Mademoiselle L. gefunden wurde. Der Körper der jungen Frau war geprellt und zerkratzt. Sie wurde den Schornstein hinaufgestoßen, was diese Spuren verursachte. Die Kehle war stark zerkratzt. Es gab tiefe Kratzer unter dem Kinn und dunkle Flecken von den Fingern. Das Gesicht war stark verfärbt, und die Augen waren ausgebeult. Die Zunge war teilweise durchgebissen.

Am Bauch wurde eine große Prellung festgestellt. Er schien von einem Knie zu stammen. M. Dumas war der Meinung, dass Mademoiselle L'Espanaye von einem Unbekannten erwürgt worden war.
Der Körper der Mutter war schwer beschädigt. Die Knochen ihres rechten Beins und Arms waren gebrochen. Ihr linkes Schienbein und ihre Rippen waren ebenfalls gebrochen. Ihr gesamter Körper war mit Blutergüssen und Verfärbungen übersät. Es war unklar, wie es zu den Verletzungen kam. Ein schwerer Knüppel, eine Eisenstange oder ein Stuhl könnten sie verursacht haben. Nur ein starker Mann kann das getan haben. Eine Frau hätte diese Verletzungen nicht verursachen können. Der Kopf wurde vom Körper getrennt und zertrümmert. Die Kehle wurde mit einem scharfen Werkzeug durchgeschnitten. Wahrscheinlich einem Rasiermesser.

Alexandre Etienne, ein Chirurg, sah die Leichen zusammen mit M. Dumas. Er stimmt mit M. Dumas' Meinung überein.

Auch nachdem weitere Personen befragt worden waren, wurden keine weiteren wichtigen Informationen gefunden. Dieser Mord war sehr mysteriös und verwirrend. So etwas hatte es in Paris noch nie gegeben. Die Polizei ist völlig ratlos. Und das ist selten. Es gibt keinen einzigen Anhaltspunkt.

Der Abendzeitung zufolge ging die Aufregung in der Gegend von

St. Roch weiter. Sie durchsuchten den Ort erneut und befragten Zeugen, fanden aber nichts Neues. In einer Notiz heißt es, der Bankangestellte Adolphe Le Bon sei verhaftet und ins Gefängnis gebracht worden.
Es gab aber keine Beweise gegen ihn.

Dupin schien sich sehr für diesen Fall zu interessieren. Er gab keinen Kommentar ab. Aber ich konnte es an seinem Verhalten erkennen.
Er erfuhr von der Verhaftung Le Bons. Da fragte er mich nach meinen Gedanken zu den Morden.

Ich konnte nur der Meinung von ganz Paris zustimmen:
Die Morde schienen unmöglich zu lösen zu sein. Ich sah keine Möglichkeit, den Mörder zu finden.

Dupin sagte, man darf die Ermittlungen nicht oberflächlich beurteilen. Die Pariser Polizei ist clever. Aber sie hat keine Methode. Sie stellen ihre Aktionen zur Schau. Aber diese passen oft nicht zum Ziel.
Wie Monsieur Jourdain. Der bittet um seinen Mantel, um besser Musik hören zu können. Ihre Ergebnisse sind oft überraschend. Aber sie kommen durch harte Arbeit und Aktivität zustande. Wenn diese scheitern, scheitern auch ihre Pläne.

Vidocq zum Beispiel war ein guter Rater und ein entschlossener Mann. Aber er machte Fehler, weil er sich zu sehr konzentrierte. Er betrachtete die Dinge zu genau. Vielleicht sah er ein oder zwei Punkte klar. Aber er übersah das große Ganze. Zu tiefgründig zu sein, kann schlecht sein. Die Wahrheit ist nicht immer versteckt. Wichtiges Wissen liegt oft an der Oberfläche. Die Tiefe liegt in den Tälern, nicht auf den Gipfeln. Dieser Fehler ist wie beim Betrachten von Sternen. Von der Seite sieht man einen Stern am besten. Beim direkten Hinschauen wird er dunkler. Mehr Licht trifft direkt auf das Auge. Aber ein Blick von der Seite ist besser zu verstehen. Zu viel Tiefe verwirrt und schwächt das Denken. Sogar die Venus kann beim zu genauen Hinschauen verschwinden.

„Wir sollten diese Morde selbst untersuchen. Dann können wir uns eine Meinung bilden. Eine Untersuchung wird Spaß machen!" Ich fand dieses Wort seltsam, sagte aber nichts. „Und Le Bon hat mir einmal geholfen. Ich bin ihm dankbar. Wir werden uns den Ort selbst ansehen. Ich kenne G..., den Polizeichef, und kann die Erlaubnis einholen."

Wir bekamen die Erlaubnis und gingen in die Rue Morgue. Diese Straße liegt zwischen der Rue Richelieu und der Rue St. Roch. Wir kamen am späten Nachmittag an. Es war weit von unserer Wohnung entfernt. Wir haben das Haus leicht gefunden. Viele Leute schauten von der anderen Straßenseite auf die geschlossenen Fensterläden. Es war ein typisches Pariser Haus mit einer Pforte. Es gab einen kleinen Uhrenkasten mit einem Schiebefenster. Also handelte es sich um eine Pförtnerloge.

Bevor wir eintraten, gingen wir die Straße hinauf, bogen in eine Gasse ein und gingen dann hinter das Gebäude. Dupin untersuchte die ganze Gegend und das Haus sehr genau. Ich habe nicht verstanden, warum.

Wir gingen zurück zum Eingang des Hauses, klingelten und zeigten unsere Papiere vor. Die verantwortlichen Agenten ließen uns ein.

Wir gingen die Treppe hinauf in das Zimmer, in dem die Leiche von Mademoiselle L'Espanaye gefunden wurde. Beide Leichen waren noch da. Das Zimmer war immer noch unordentlich. Ich sah nichts Neues als das, was die „Gazette des Tribunaux" berichtete. Dupin untersuchte alles, auch die Leichen. Dann gingen wir in andere Räume und auf den Hof. Ein Polizeibeamter war die ganze Zeit bei uns. In der Dämmerung beendeten wir unsere Untersuchung und gingen. Auf dem Heimweg hielt mein Freund bei einer Zeitungsredaktion.

Wie gesagt, mein Freund hatte viele Marotten. Ich habe sie respektiert.

Bis zum Mittag des nächsten Tages wollte er nicht über den Mord sprechen. Dann fragte er plötzlich, ob ich am Tatort etwas Seltsames gesehen hätte.

Die Art, wie er „seltsam“ sagte, ließ mich erschaudern,
obwohl ich nicht wusste, warum.

„Nein, nichts Seltsames“, sagte ich. „Nichts weiter als das, was wir in der Zeitung gelesen haben.“

„Die ‚Gazette‘“, antwortete er, „hat den wahren Schrecken dieses Falles nicht erfasst. Ignorieren Sie die Meinungen der Zeitung.
Dieses Rätsel scheint wegen seiner seltsamen Details schwer zu lösen zu sein. Aber die Kleinigkeiten sollten es einfach machen, es zu lösen.

Die Polizei ist verwirrt. Denn es gibt für den Mord kein Motiv.
Auch die streitenden Stimmen geben ihr Rätsel auf. Außer der toten Mademoiselle L'Espanaye wurde niemand im Obergeschoss gefunden. Es gab keine Möglichkeit, das Zimmer zu verlassen. Man hätte jeden dabei gesehen. Das Zimmer war in wilder Unordnung. Die Leiche war mit dem Kopf voran in den Kamin gestoßen worden. Der Körper der alten Dame war schwer verstümmelt. Diese Tatsachen haben die Regierungsbeamten verwirrt. Sie haben einen häufigen Fehler begangen: Sie verwechseln das Ungewöhnliche mit dem Komplizierten.
Die Vernunft findet ihren Weg durch ungewöhnliche Ereignisse.
Bei dieser Untersuchung sollten wir uns fragen: ‚Was ist noch nie zuvor geschehen?‘. Das Rätsel scheint für die Polizei schwer zu lösen zu sein. Das macht es für mich leichter, es zu lösen.“

Ich starrte den Sprecher an. Ich war sprachlos vor Überraschung.

„Ich warte jetzt“, sagte er und schaute zur Tür. „Ich warte auf eine Person. Diese Person hat diese Verbrechen vielleicht nicht begangen.

Aber sie könnte daran beteiligt sein. Sie ist wahrscheinlich unschuldig an den schlimmsten Verbrechen. Ich hoffe, ich habe Recht. Ich brauche das, um das Rätsel zu lösen. Ich erwarte die Person bald hier. Vielleicht kommt sie nicht. Aber wahrscheinlich wird sie kommen. Wenn sie kommt, müssen wir sie festhalten. Hier sind Pistolen. Wir wissen, wie man sie im Ernstfall benutzt."

Ich nahm die Pistolen. Ich war mir nicht sicher, was ich getan oder gehört hatte. Dupin sprach weiter, fast zu sich selbst. Er sprach oft auf eine merkwürdige Art. Er sprach zu mir. Aber seine Stimme klang, als ob er zu jemandem weit Entfernten sprach. Seine Augen blickten nur auf die Wand.

Er sagte: „Die streitenden Stimmen waren nicht die Stimmen der Frauen. Das wurde durch Beweise belegt. Das bedeutet: Die alte Dame hat nicht erst ihre Tochter und dann sich selbst umgebracht. Ich will damit Klarheit schaffen. Madame L'Espanaye konnte die Leiche ihrer Tochter nicht in den Schornstein schieben. Ihre eigenen Wunden schließen einen Selbstmord aus. Also hat jemand anderes den Mord begangen. Die dabei gehörte Stimme stammt von dieser Person. Konzentrieren wir uns auf die Zeugenaussagen zu diesen Stimmen. Ist Ihnen etwas Ungewöhnliches aufgefallen?"

Ich stellte fest, dass alle Zeugen meinten, die raue Stimme sei die eines Franzosen. Bei der schrillen Stimme waren sie sich jedoch uneinig.

„Das war der Beweis", sagte Dupin, „aber nicht das, was ungewöhnlich war. Sie haben etwas Wichtiges übersehen. Die Zeugen waren sich einig über die schroffe Stimme. Aber im Fall der schrillen Stimme ist das Ungewöhnliche nicht ihre Unstimmigkeit. Ein Italiener, ein Engländer, ein Spanier, ein Holländer und ein Franzose haben sie alle als fremd beschrieben. Alle meinten sicher, sie komme nicht aus dem eigenen Land. Jeder verglich sie mit einer Stimme aus einem anderen Land.

Der Franzose glaubt, es sei die Stimme eines Spaniers. Er konnte die Worte nicht verstehen. Denn er kann kein Spanisch. Der Niederländer denkt, es war die Stimme eines Franzosen. Er brauchte einen Dolmetscher - er kann kein Französisch. Der Engländer hielt es für die Stimme eines Deutschen. Er kann kein Deutsch. Für den Spanier war es die Stimme eines Engländers. Er urteilt nach dem Tonfall. Aber er kann kein Englisch. Der Italiener glaubt an die Stimme eines Russen. Er hat noch nie mit einem Russen gesprochen. Ein zweiter Franzose ist anderer Meinung als der erste Franzose. Er ist sich sicher, es handelt sich um die Stimme eines Italieners. Er urteilt nach dem Tonfall, kann aber kein Italienisch. Wie ungewöhnlich muss diese Stimme gewesen sein? Menschen aus fünf Ländern Europas konnten sie nicht erkennen. Man könnte sagen, es war eine asiatische oder afrikanische Stimme. Es gibt nur wenige Asiaten oder Afrikaner in Paris. Ich möchte auf drei Dinge hinweisen. Ein Zeuge nannte die Stimme „eher rau als schrill“. Zwei andere sagten, sie sei „schnell und ungleichmäßig“ gewesen. Kein Zeuge konnte Worte oder wortähnliche Klänge ausmachen.“

„Ich weiß nicht“, sagte Dupin, „was Sie bisher denken. Aber ich glaube: Die Hinweise der Stimmen reichen für einen Verdacht aus. Dieser Verdacht sollte die Ermittlungen leiten. Ich sagte berechtigte Schlussfolgerungen. Aber ich meine die einzig richtigen. Der Verdacht ergibt sich direkt aus diesen Hinweisen. Ich werde meinen Verdacht noch nicht verraten. Aber er wird meine Suche in dem Raum leiten. Er ist stark genug. Denken Sie daran.

Stellen wir uns vor, wir sind in diesem Raum. Wonach sollten wir zuerst suchen? Die Art und Weise, wie die Mörder gegangen sind. Wir glauben nicht an übernatürliche Ereignisse. Madame und Mademoiselle L‘Espanaye wurden nicht von Geistern getötet. Die Mörder waren echt und entkamen auf echte Weise. Aber wie? Es gibt nur einen Weg, dies zu verstehen. Dieser Weg muss uns zu einer klaren Antwort führen.

Lasst uns jeden möglichen Ausweg prüfen.

Die Mörder waren in dem Zimmer, wo Mademoiselle L'Espanaye gefunden wurde. Sie könnten auch im Nebenzimmer gewesen sein, während die Gruppe die Treppe hinaufging. Wir müssen diese beiden Räume nach Ausgängen absuchen. Die Polizei hat die Böden, Decken und Wände überprüft. Sie haben keine geheimen Ausgänge gefunden. Ich habe ebenfalls nachgesehen und keine geheimen Ausgänge gefunden. Beide Türen zum Gang waren von innen verschlossen. Schauen wir uns die Schornsteine an. Sie sind zu schmal. Sogar eine große Katze könnte nicht hindurchpassen. Der einzige Weg nach draußen führt also durch die Fenster. Niemand kann durch die vorderen Fenster entkommen. Jeder draußen kann ihn sehen. Die Mörder müssen die Fenster im Hinterzimmer benutzt haben. Wir müssen beweisen, dass diese ‚unmöglichen' Ausgänge möglich sind.

Es gibt zwei Fenster in dem Raum. Ein Fenster ist klar und deutlich zu sehen. Der untere Teil des anderen Fensters ist durch das Bett verdeckt. Das Bett wird dicht an das Fenster geschoben. Das erste Fenster war von innen verriegelt. Es ließ sich nicht öffnen. Auch nicht mit Gewalt. Auf der linken Seite war ein großes Loch in den Rahmen geschlagen worden. Ein dicker Nagel steckte in dem Loch, fast bis zum Kopf. In dem anderen Fenster steckte ein ähnlicher Nagel. Auch der Versuch, dieses Fenster zu öffnen schlug fehl. Die Polizei war sich sicher: Niemand hatte das Haus durch diese Fenster verlassen. Sie entfernten also weder die Nägel noch öffneten sie die Fenster.

Meine eigene Prüfung war aus einem bestimmten Grund ausführlicher. Wir müssen beweisen: Das Unmögliche ist nicht unmöglich. Ich habe Schritt für Schritt nachgedacht. Die Mörder sind aus einem dieser Fenster entkommen. Sie konnten die Fenster nicht von innen verriegelt haben. Sie wurden ja verschlossen vorgefunden. Diese offensichtliche Tatsache hielt die Polizei von weiteren Nachforschungen ab. Dennoch waren die Fenster verschlossen. Sie müssen eine Möglichkeit haben, sich selbst zu verschließen. Das war klar. Ich ging zu dem durchsichtigen Fenster, entfernte den Nagel mit einiger Mühe und versuchte es zu öffnen. Es ließ sich nicht öffnen. Wie ich erwartet hatte.

Ich fand eine versteckte Sprungfeder. Das bewies, dass meine Idee richtig war. Die Nägel kamen mir immer noch seltsam vor. Ich suchte und fand die Feder. Ich drückte sie, aber das Fenster öffnete sich nicht.

Ich legte den Nagel zurück und sah ihn an. Jemand könnte das Fenster schließen, und die Feder würde einrasten. Aber sie konnten den Nagel nicht ersetzen. Das bedeutete, dass die Mörder durch das andere Fenster entkommen waren. Wenn beide Fenster die gleichen Federn hatten, muss es einen Unterschied bei den Nägeln oder ihrer Befestigung geben.

Ich stand auf dem Bett und überprüfte das zweite Fenster. Ich fand die Feder und drückte sie. Sie war wie die erste. Ich sah mir den Nagel an. Er war stark und passte genauso wie der andere.

Man könnte mich für verwirrt halten. Aber das war ich nicht. Ich habe meine Hinweise nie aus den Augen verloren.

Es gab keinen Fehler in der Kette. Ich verfolgte das Geheimnis bis zu dem Nagel. Der Nagel sah aus wie der aus dem anderen Fenster. Aber diese Tatsache spielte keine Rolle. Hier endete der Hinweis. Ich dachte: ‚Mit dem Nagel muss etwas nicht stimmen.' Ich berührte ihn. Der Kopf und ein Teil des Schafts lösten sich in meinen Fingern. Der Rest des Schaftes steckte in dem Loch und war abgebrochen. Die Bruchstelle war alt und rostig. Als hätte ihn ein Hammer zerbrochen. Der Hammer hatte den Nagelkopf in den unteren Fensterflügel getrieben. Ich setzte den Nagelkopf wieder an seinen Platz.

Er sah wieder wie ein perfekter Nagel aus. Der Bruch war unsichtbar. Ich drückte die Feder und hob den Flügel ein paar Zentimeter an. Der Kopf blieb fest an seinem Platz. Ich schloss das Fenster, und es sah wieder wie ein ganzer Nagel aus. Das Rätsel war nun gelöst. Der Mörder war durch das Fenster am Bett entkommen.

Die Tür schloss sich von selbst oder jemand schloss sie. Die Feder hat sie verriegelt. Die Polizei dachte, die Feder sei ein Nagel. Sie hat nicht weiter nachgeforscht.

Die nächste Frage ist, wie jemand nach unten gelangen kann. Ich habe das gesehen, als wir um das Gebäude herumgegangen sind. Es gibt einen Blitzableiter, etwa einen Meter vom Fenster entfernt. Niemand könnte diesen Stab benutzen, um das Fenster zu erreichen.

Die Fensterläden im vierten Stock sind etwas Besonderes. Die Pariser Tischler nennen sie ferrades. Sie sehen aus wie eine einzige Tür. Die untere Hälfte hat Freiräume, in die die Hände greifen können. Diese Fensterläden sind dreieinhalb Meter breit. Als wir sie sahen, waren sie halb geöffnet. Sie standen im rechten Winkel zur Wand.

Die Polizei und ich haben wahrscheinlich die Rückseite des Gebäudes überprüft. Aber wenn, dann haben wir uns die Gitter von der Seite angesehen. Wir haben nicht bemerkt, wie breit sie waren. Wir haben diese Breite nicht für ausreichend gehalten. Als sie dort keinen Ausgang sahen, haben sie schnell nachgesehen.

Der Fensterladen konnte in der Nähe des Bettes den Blitzableiter erreichen, wenn er vollständig geöffnet ist. Mit viel Geschick und Mut kann jemand von der Stange aus durch das Fenster einsteigen. Wenn er zweieinhalb Meter hoch greift, könnte ein Einbrecher das Spalier ergreifen. Er konnte die Stange loslassen, sich mit den Füßen an der Wand abstützen und springen. Er könnte den Fensterladen schwingen, um ihn zu schließen. Bei offenem Fenster konnte er sich in den Raum schwingen.

Denken Sie daran, dass dieser Akt sehr viel Geschick und Mut erfordert.

Erstens möchte ich Ihnen zeigen, dass es möglich gewesen wäre. Zweitens möchte ich, dass Sie die ungewöhnlichen Fähigkeiten verstehen, die dafür erforderlich sind.

Sie könnten sagen, dass ich die erforderlichen Fähigkeiten herunterspielen sollte. Das ist in der Rechtswissenschaft üblich, aber nicht in der Vernunft. Ich suche die Wahrheit. Ich möchte Ihnen die ungewöhnliche Fähigkeit und die seltsame Stimme zeigen. Niemand konnte sich über die Nationalität der Stimme einigen. Keiner konnte die Worte verstehen."

Bei diesen Worten verstand ich fast, was Dupin meinte. Es war, als würde ich mich fast an etwas erinnern, aber nicht ganz. Mein Freund fuhr fort.

„Sie werden sehen", sagte er, „ich habe die Frage vom Ausgang zum Eingang geändert. Ich wollte zeigen, dass beides auf die gleiche Weise und am gleichen Ort geschieht. Nun lasst uns in den Raum hineinschauen. Schauen wir uns hier um.

Die Schubladen der Kommode wurden durchsucht. Einige Kleidungsstücke befanden sich noch darin. Diese Schlussfolgerung ist albern. Es ist nur eine Vermutung. Woher wissen wir, dass sich in den Schubladen noch weitere Gegenstände befanden? Madame L'Espanaye und ihre Tochter lebten in aller Stille. Sie bekamen keinen Besuch. Sie gingen selten aus. Sie brauchten nicht viele Kleidungsstücke. Die gefundene Kleidung war von guter Qualität. Warum hat ein Dieb nicht das Beste gestohlen? Warum nicht alles mitnehmen?

Warum viertausend Franken in Gold zurücklassen und nur die Wäsche mitnehmen? Das Gold wurde zurückgelassen. Der größte Teil des Geldes wurde in Taschen auf dem Boden gefunden. Vergessen Sie den Gedanken an ein Motiv. Das ergibt sich nur aus den polizeilichen Hinweisen auf das gelieferte Geld. Seltsame Zufälle passieren uns ständig. Wir merken es nur nicht.

Zufälle verwirren Menschen oft. Sie verstehen die Wahrscheinlichkeitsrechnung nicht. Die Wahrscheinlichkeit hilft uns viele Dinge zu verstehen. Wenn das Gold verschwunden wäre, wäre seine Lieferung drei Tage zuvor kein Zufall. Es würde für ein Motiv sprechen. Aber der Verbrecher würde es nicht zurücklassen.

„Erinnern Sie sich an die wichtigsten Punkte: die seltsame Stimme, die ungewöhnliche Beweglichkeit und das fehlende Motiv. Schauen wir uns nun den Mord an. Eine Frau wurde erwürgt und mit dem Kopf voran in einen Schornstein gestoßen. Gewöhnliche Mörder töten nicht auf diese Weise. Sie verstecken auch keine Leichen auf diese Weise. Die Leiche in den Schornstein zu stoßen ist sehr seltsam. Das passt nicht zu normalen menschlichen Handlungen. Selbst bei sehr bösen Menschen.

Stellen Sie sich vor, wie stark jemand sein muss, um eine Leiche in ein Loch zu schieben. Es waren viele Leute nötig, um sie herauszuziehen.

Sieh dir andere Zeichen großer Stärke an. Dickes graues Haar lag auf dem Herd. Das Haar wurde an den Wurzeln ausgerissen. Es braucht große Kraft, um auch nur zwanzig Haare auszureißen. Sie haben das Haar gesehen. An den Wurzeln befanden sich Stücke des Kopfhautfleisches. Das zeigt: Da wurde viel Kraft aufgebracht, um viele Haare auf einmal auszureißen. Die Kehle der alten Frau wurde nicht nur durchgeschnitten. Ihr Kopf wurde mit einem Rasiermesser abgetrennt. Beachten Sie die brutalen Taten. Ich werde nicht über die blauen Flecken am Körper von Madame L'Espanaye sprechen. Monsieur Dumas und Monsieur Etienne sagen, sie stammen von einem stumpfen Gegenstand. Sie haben recht. Der stumpfe Gegenstand war das Steinpflaster im Hof. Das Opfer fiel aus dem Fenster darauf. Diese Idee schien einfach, entging aber der Polizei. Die Polizei übersah sie wegen der Nägel. Sie glaubten nicht, dass sich die Fenster öffnen ließen.

Wenn man an den unordentlichen Raum denkt, sieht man viele Dinge. Wir sehen große Beweglichkeit, übermenschliche Kraft, brutale Grausamkeit und sinnloses Töten. Wir sehen Schrecken, der nicht menschlich ist. Wir hören eine seltsame Stimme, die niemand versteht. Was denken Sie jetzt? Welchen Eindruck habe ich auf Sie gemacht?"

Ich war erschrocken, als Dupin mich fragte. „Ein Verrückter hat das getan – ein Verrückter aus einer nahegelegenen Anstalt."

„In gewisser Hinsicht", sagte er, „ist Ihre Idee nicht falsch. Aber die Stimmen der Verrückten passen nicht zu der seltsamen Stimme, die man auf der Treppe hörte. Verrückte gehören einem Volk an, und ihre Worte sind wild. Aber sie haben klare Silben. Außerdem ist das Haar eines Verrückten nicht so." Er zeigte mir ein Haarbüschel. „Das habe ich in der Hand von Madame L'Espanaye gefunden. Was halten Sie davon?"

Ich sagte sehr erschrocken: „Dupin! Dieses Haar ist seltsam. Es ist kein menschliches Haar."

„Das habe ich nicht gesagt", antwortete er. „Bevor wir uns entscheiden: Sehen Sie sich diese Skizze auf dem Papier an. Sie zeigt die ‚dunklen Blutergüsse und tiefen Nagelabdrücke' am Hals von Mademoiselle L'Espanaye. Andere nannten es ‚eine Reihe von dunklen Flecken, eindeutig Fingerabdrücke'."

„Schau“, sagte mein Freund. Er breitete das Papier auf dem Tisch aus. „Diese Zeichnung zeigt einen starken und festen Griff. Es gibt kein Abrutschen. Jeder Finger hielt fest, vielleicht bis sie starb. Versuche, deine Finger in die Markierungen zu legen.“

Ich versuchte es, scheiterte aber.

„Vielleicht testen wir das nicht richtig“, sagte er. „Das Papier ist flach. Aber eine Kehle ist rund. Hier ist ein Stück Holz, etwa so groß wie eine Kehle. Wickeln Sie die Zeichnung darum und versuchen Sie es noch einmal.“

Ich tat es. Es war noch schwieriger. „Das ist kein menschliches Handzeichen“, sagte ich.

„Lesen Sie nun diese Passage von Cuvier“, antwortete Dupin.
Es war eine detaillierte Beschreibung des großen Orang-Utans von den ostindischen Inseln. Die Größe, Kraft, Aktivität, Wildheit und das Nachahmungsverhalten dieser Säugetiere sind wohlbekannt.
Ich verstand sofort den Schrecken des Mordes.

„Die Beschreibung der Finger“, sagte ich nach dem Lesen, „passt genau zu dieser Zeichnung. Nur ein Orang-Utan kann diese Spuren hinterlassen haben. Auch dieses gelbbraune Haarbüschel gleicht dem von Cuvier beschriebenen Tier. Aber ich verstehe dieses Rätsel nicht. Außerdem waren zwei streitende Stimmen zu hören. Und eine war eindeutig die Stimme eines Franzosen.“

„Stimmt; und Sie werden sich an den Satz ‚mon Dieu!‘ erinnern. Dieser Satz wurde von vielen Zeugen beobachtet, darunter auch von Montani, dem Konditor. Er sagte, es sei ein Ausdruck des Protests oder der Überraschung. Ich habe meine Hoffnung auf des Rätsels Lösung auf diese beiden Worte gestützt. Ein Franzose wusste von dem Mord.

Wahrscheinlich ist er an dem Verbrechen unschuldig. Der Orang-Utan könnte ihm entkommen sein.

Vielleicht hat er ihn im Zimmer gefunden. Aber er konnte ihn nicht wieder einfangen. Es ist noch frei. Ich will nicht mehr raten. Meine Gedanken sind nicht klar genug. Ich kann sie nicht gut erklären. Wir werden sie Vermutungen nennen. Der Franzose ist vielleicht unschuldig. Meine Anzeige von gestern Abend wird helfen. Die Anzeige steht in „Le Monde", einer Zeitung für Seeleute."

Er gab mir ein Papier. Ich las es:

Gefangen im Bois de Boulogne (am frühen Morgen des Mordes), ein sehr großer, brauner Ourang-Outang aus Borneo. Der Besitzer, ein Seemann von einem maltesischen Schiff, kann ihn zurückbekommen. Er muss ihn identifizieren und einige Gebühren bezahlen. Rufen Sie an: Nr. --, Rue --, Faubourg St. Germain, dritter Stock.

„Woher wussten Sie, dass der Mann ein Seemann von einem maltesischen Schiff ist?" fragte ich.

„Ich weiß es nicht", sagte Dupin. „Ich bin mir nicht sicher. Hier ist ein kleines Stück Farbband. Es sieht fettig und gebraucht aus. Wahrscheinlich wurde es benutzt, um die Haare zu einer langen Schlange zusammenzubinden. Matrosen mögen diese Schlangen. Der Knoten ist etwas Besonderes und wird meist von Seeleuten aus Malta geknüpft. Ich habe das Band am Fuß des Blitzableiters gefunden. Es gehörte keinem der beiden Toten. Meiner Meinung nach ist der Franzose war ein Matrose auf einem maltesischen Schiff. Wenn ich mich irre, schadet meine Anzeige niemandem. Er wird denken, ich wurde in die Irre geführt. Es wird ihm egal sein. Aber wenn ich Recht habe, ist es wichtig. Der Franzose wird zögern, auf die Anzeige zu antworten. Auch wenn er unschuldig ist.

Er wird denken: ‚Ich bin unschuldig und arm. Mein Ourang-Outang ist sehr wertvoll. Warum sollte ich ihn aus Angst verlieren? Er wurde weit vom Tatort entfernt gefunden. Wie kann jemand denken, dass es eine Bestie war? Die Polizei hat keine Anhaltspunkte. Wenn sie das Tier aufspüren, können sie nicht beweisen, dass ich von dem Mord wusste. Sie können mir nicht vorwerfen, dass ich es wusste. Ich bin bekannt. In der Anzeige steht, dass ich das Tier besitze. Ich weiß nicht, wie viel sie wissen. Wenn ich das wertvolle Tier nicht haben will, wirkt das verdächtig. Ich möchte nicht die Aufmerksamkeit auf mich oder das Tier richten. Ich werde auf die Anzeige antworten, den Orang-Utan holen und ihn verstecken, bis die Sache vorbei ist.‘

Wir hörten Schritte auf der Treppe. „Seien Sie bereit“, sagte Dupin, „mit Ihren Waffen. Zeigen sie nicht, bis ich das Signal gebe.“

Die Haustür war offen. Der Besucher kam herein, ohne zu klingeln. Er ging die Treppe hinauf. Er blieb stehen und begann dann hinunterzugehen. Dupin ging zur Tür. Aber wir hörten ihn wieder hochkommen. Diesmal klopfte er an unsere Tür.

„Kommen Sie herein“, sagte Dupin fröhlich.

Ein Mann trat ein. Er war ein Seemann. Er war groß, kräftig und sah verwegen, aber nicht unfreundlich aus. Sein sonnenverbranntes Gesicht war größtenteils durch einen Schnurrbart und einen Backenbart verdeckt.

Er hatte einen großen Holzstock dabei, aber keine anderen Waffen. Er verbeugte sich unbeholfen und sagte „Guten Abend“ mit einem französischen Akzent. Der Akzent klang, als käme er aus Paris.

„Setzen Sie sich, mein Freund“, sagte Dupin. „Sie sind hier wegen des Ourang-Outangs. Ich beneide Sie fast darum ihn zu haben. Er ist ein schönes und wertvolles Tier. Was glauben Sie, wie alt er ist?"

Der Seemann holte tief Luft und sah erleichtert aus. Er antwortete zuversichtlich: „Ich weiß es nicht. Aber er kann nicht älter als vier oder fünf Jahre sein. Habt ihr ihn hier?"

„Oh nein, wir können ihn nicht hierbehalten. Er ist in einem nahegelegenen Stall in der Rue Dubourg. Sie können ihn morgen früh abholen. Sind Sie bereit zu beweisen, dass er Ihnen gehört?"

„Ja, das bin ich, Sir."

„Es wird mir leidtun, mich von ihm zu trennen", sagte Dupin.

„Ich erwarte nicht, dass Sie das umsonst tun, Sir", sagte der Mann. „Ich bin bereit, eine Belohnung für das Auffinden des Tieres zu zahlen. Etwas Angemessenes."

„Nun", antwortete mein Freund, „das ist fair. Lasst mich nachdenken! Worum soll ich bitten? Oh! Ich weiß es. Meine Belohnung wird diese sein. Du wirst mir alle Informationen geben, die du über die Morde in der Rue Morgue hast."

Dupin sagte die letzten Worte sehr leise.

Er ging zur Tür, schloss sie ab und steckte den Schlüssel in seine Tasche. Er nahm eine Pistole aus seiner Brust und legte sie auf den Tisch. Das Gesicht des Matrosen wurde rot, als könne er nicht mehr atmen. Er stand auf und griff nach seinem Stock. Dann setzte er sich wieder hin, zitterte und sah sehr verängstigt aus. Er sagte nichts. Er tat mir sehr leid.

„Mein Freund", sagte Dupin freundlich, „Sie machen sich grundlos

Sorgen. Wir wollen Ihnen nichts Böses. Ich verspreche Ihnen als Gentleman und Franzose, wir werden Ihnen nichts antun. Sie haben die Verbrechen in der Rue Morgue nicht begangen. Das weiß ich. Aber Sie sind in irgendeiner Weise daran beteiligt. Ich habe Informationen über diese Sache. Das wissen Sie nun. Sie können sich diese Informationen nicht vorstellen. Die Situation sieht folgendermaßen aus. Sie haben nichts getan. Sie konnten nichts vermeiden. Sie sind nicht des Diebstahls schuldig. Sie hätten sogar stehlen können, ohne erwischt zu werden. Sie haben nichts zu verbergen. Sie haben keinen Grund, etwas zu verbergen. Sie müssen uns alles sagen, was Sie wissen. Ein unschuldiger Mann sitzt gerade im Gefängnis. Für ein Verbrechen, das Sie aufklären können."

Der Matrose beruhigte sich, als Dupin sprach. Aber er war nicht mehr kühn.

„So wahr mir Gott helfe!", sagte er nach einer Pause. „Ich werde Ihnen alles sagen, was ich weiß. Aber ich erwarte nicht, dass Sie mir glauben. Ich wäre ein Idiot, wenn ich es täte. Aber ich bin unschuldig. Und ich werde die Wahrheit sagen. Auch wenn ich dafür sterben muss."

Dann erzählte er seine Geschichte. Er war kürzlich zu einer indischen Inselgruppe gereist. Er und eine Gruppe landeten zum Spaß in Borneo. Er und ein Freund fingen einen Ourang-Outang. Sein Freund starb. Also behielt er das Tier. Auf der Heimreise war das Tier sehr wild. Aber schließlich brachte er es zu seinem Haus in Paris. Er hielt es versteckt. Die Nachbarn sollten nicht neugierig werden. Das Tier hatte eine Fußwunde von einem Splitter auf dem Schiff. Er wollte es verkaufen.

Eines Abends kam er von einer Feier nach Hause. Er fand das Tier in seinem Schlafzimmer. Es war aus einem Schrank ausgebrochen. Der Seemann hielt den Schrank für sicher.

Der Affe hielt ein Rasiermesser in der Hand und war vollständig eingeschäumt. Er saß vor einem Spiegel und versuchte sich zu rasieren. Er hatte seinem Herrn schon einmal dabei zugesehen. Der Mann war beim Anblick des Affen mit einem Rasiermesser erschrocken. Er wusste nicht, was er tun sollte. Normalerweise beruhigte er den Affen mit einer Peitsche. Jetzt benutzte er die Peitsche. Der Affe sah die Peitsche und rannte zur Tür hinaus. Er rannte die Treppe hinunter und durch ein offenes Fenster auf die Straße.

Der Franzose folgte ihm mit einem Gefühl der Hoffnungslosigkeit. Der Affe hatte immer noch das Rasiermesser. Manchmal blieb er stehen, um zurückzuschauen und dem Mann Gesten zu machen. Dann rannte er wieder los. Diese Verfolgungsjagd dauerte lange an. Die Straßen waren sehr ruhig. Denn es war fast drei Uhr morgens.

Der Affe sah einen Lichtschein aus einem offenen Fenster im Zimmer von Madame L'Espanaye. Ihr Zimmer befand sich im vierten Stock ihres Hauses. Der Affe eilte in das Gebäude und kletterte an einem Blitzableiter hoch. Er griff nach dem Fensterladen und schwang sich auf das Kopfteil des Bettes. Dies dauerte weniger als eine Minute.

Der Ourang-Outang trat den Fensterladen auf und sprang in den Raum. Der Seemann fühlte sich glücklich und verwirrt zugleich. Er hoffte das Tier jetzt zu fangen. Es konnte der Falle nicht einfach entkommen. Es konnte nur durch seine Rute entkommen. Aber er machte sich Sorgen, was es im Haus anstellen könnte. Deshalb folgte er dem Tier. Ein Seemann kann leicht auf einen Blitzableiter klettern. Er kletterte zum Fenster hinauf. Es lag weit links von ihm. Er konnte nur ins Innere des Zimmers schauen. Was er sah, ließ ihn vor Entsetzen fast umfallen. Die lauten Schreie weckten die Leute in der Rue Morgue. Madame L'Espanaye und ihre Tochter waren in ihrer Nachtkleidung. Sie schienen Papiere in einer Eisentruhe zu ordnen. Die Truhe stand in der Mitte des Raumes. Sie war offen, und die Papiere lagen auf dem

Boden. Die Opfer saßen mit dem Rücken zum Fenster. Das Tier kam herein, bevor sie es bemerkten.

Das Flattern der Fensterläden würde auf den Wind zurückgeführt werden. Der Seemann schaute hinein. Das große Tier hatte Madame L'Espanaye an ihrem losen Haar gepackt. Sie hatte es gekämmt. Wie ein Barbier fuchtelte das Tier mit einem Rasiermesser vor ihrem Gesicht herum. Die Tochter lag still auf dem Boden. Sie war in Ohnmacht gefallen. Die alte Frau schrie und wehrte sich. Ihre Haare wurden ihr vom Kopf gerissen. Das machte den Ourang-Outang wütend. Er schwang seinen starken Arm und schlug ihr fast den Kopf ab. Der Anblick des Blutes machte ihn noch wütender. Er knirschte mit den Zähnen und seine Augen blitzten. Er griff das Mädchen an und packte sie an der Kehle bis sie starb. Dann sah das Tier das Gesicht seines Herrn über dem Bett. Der Herr sah entsetzt aus. Das Tier erinnerte sich an die Peitsche und wurde ängstlich. Es wusste, dass es bestraft werden würde. Es wollte verstecken, was es getan hatte. Es bewegte sich nervös durch das Zimmer, zerbrach Möbel und zerrte am Bett.

Schließlich packte der Affe zuerst den Körper der Tochter. Er schob sie den Schornstein hinauf. Dann warf er die Leiche der alten Dame aus dem Fenster. Als der Affe sich mit der Leiche dem Fenster näherte, erschrak der Seemann. Schnell rutschte er die Stange hinunter und rannte nach Hause. Er fürchtete die Folgen der Tötung. Er kümmerte sich nicht mehr um den Affen. Die Worte auf der Treppe waren die Angstschreie des Franzosen und die Geräusche des Affen."

Ich habe dem wenig hinzuzufügen. Der Affe muss mit der Stange geflohen sein, bevor die Tür zerbrach. Er muss das Fenster geschlossen haben, als er ging. Der Besitzer fing ihn später ein und verkaufte ihn für viel Geld an einen Zoo. Le Don wurde freigelassen, nachdem wir unsere Geschichte der Polizei erzählt hatten. Der Polizeibeamte war mit dem

Ausgang der Dinge nicht zufrieden. Er machte einige sarkastische Bemerkungen darüber. Man solle sich um seine eigenen Angelegenheiten kümmern.

„Lass ihn reden“, sagte Dupin, der nicht antwortete.

Lass ihn reden. Dann fühlt er sich besser. Ich bin froh. Ich habe ihn in seinem eigenen Bereich geschlagen. Er konnte dieses Rätsel nicht lösen. Das ist nicht verwunderlich. Unser Freund, der Präfekt, ist klug, aber nicht tiefgründig. Seine Weisheit hat keine Substanz. Er hat nur einen Kopf und keinen Körper, wie manche Bilder. Oder bestenfalls Kopf und Schultern, wie ein Kabeljau. Aber er ist ein guter Mensch. Ich mag ihn wegen eines cleveren Tricks. Er hat sich den Ruf erworben, schlau zu sein. Er leugnet, was wahr ist, und erklärt, was nicht wahr ist.

Der Fall des Hauses Usher

Sein Herz ist eine schwebende Laute;
beim Berühren macht es einen Klang.
De Béranger.

Es war Herbst. Den ganzen Tag über war es dunkel. Die dunklen Wolken hingen tief. Ich ritt allein auf einem Pferd durch eine traurige Gegend. Am Abend sah ich das düstere Haus von Usher. Es war merkwürdig. Gleich beim ersten Anblick wurde mir schwer ums Herz.

Ich fand es unerträglich. Manchmal können traurige Gebäude ja auch trösten. Ich betrachtete das Haus und das Land um es herum. Die Wände waren kahl. Die Fenster sahen leer aus. Es wuchsen hohe Gräser. Ein paar weiße tote Bäume standen herum. Ich fühlte mich sehr schwer, wie mit Drogen und in einem Traum. Auch da sieht man manchmal erst etwas Schönes und dann etwas Hässliches.
Mir war kalt. Mein Herz war schwer. Meine Gedanken waren sehr dunkel. Ich konnte nichts Schönes sehen. Warum fühlte ich mich beim Anblick vom Haus von Usher so schwach? Ich konnte das Rätsel nicht lösen. Ich konnte meine seltsamen Gedanken nicht verstehen. Ich wusste nicht warum. Ich verstand es nicht. Eindrücke in der Natur können Gefühle in uns auslösen. Aber das können wir nicht verstehen.

Ich dachte: Ich betrachte etwas auf etwas anderes, dann geht es mir besser. Ich hielt mein Pferd an einem dunklen See in der Nähe des Hauses an. Ich schaute auf den Wasserspiegel. Ich sah die Pflanzen und Bäume im Wasser verkehrt herum. Die Fenster sahen wie Augen aus. Es war noch gruseliger als vorher.

Trotzdem wollte ich ein paar Wochen in diesem dunklen Haus bleiben. Sein Besitzer war Roderick Usher. Er war ein enger Freund von mir von früher. Wir hatten uns seit vielen Jahren nicht mehr gesehen.

Aber er schickte mir einen schönen Brief. Ich wollte ihn dann wiedersehen. In dem Brief spürte man viel Verzweiflung. Er war wohl körperlich und geistig sehr krank. Er wollte seinen besten Freund sehen. Das war ihm wichtig. Mein Besuch sollte ihm helfen. Er sollte sich dann besser fühlen. Das war meine Hoffnung.

Er meinte es wirklich ernst. Also reiste ich sofort zu ihm. Wir standen uns als Kinder nahe. Ich wusste also viel über ihn. Er war sehr verschlossen. Seine Familie war alt und bekannt für ihre Empfindlichkeit. Das zeigte sich in ihrer Kunst und ihrer Schweigsamkeit. Sie liebten vor allem ernste Musik. Seine Familie hatte keine Kinder mehr; es war eine gerade Linie von der Vergangenheit bis zur Gegenwart.

Der Name des Hauses und der Name der Familie waren derselbe. Darüber dachte ich nach. Beim Namen „Haus von Usher" mussten die Menschen an die Familie und an ihr Haus mit dem gleichen Namen denken. Ich schaute ins Wasser und fühlte mich noch ängstlicher. Die Angst wurde noch größer. Ich sah das Haus wieder an. Da kam mir ein komischer Gedanke. Nur damit ihr wisst, wie stark meine Gefühle waren.

Auch die Luft um das große Haus und das Land war irgendwie seltsam. Es war anders als die Luft des Himmels. Sie fühlte sich schwer an und kam von alten Bäumen, einer grauen Mauer und einem stillen See. Ich versuchte diese Traumgedanken zu vergessen. Ich sah mir das Haus noch einmal genau an. Es sah sehr alt aus. Die Zeit hatte seine Farbe stark verändert. Pilzgeflechte bedeckten die Außenseite und hingen wie ein Netz herunter. Aber das Haus war nicht zerfallen. Keine der alten Steine waren herausgebrochen. Die Teile des Hauses passten gut zusammen. Es war wie altes Holz an einem vergessenen Ort. Es verrottete ohne frische Luft. Aber einstürzen würde das Haus wohl nicht.

Ein aufmerksamer Beobachter konnte einen kleinen Riss entdecken. Der Riss ging von oben bis unten im Zickzack die ganze Hauswand herunter. Er endete im dunklen Wasser des Sees.

Ich sah all‘ diese Dinge und ritt über eine kurze Brücke zum Haus. Ein Arbeiter nahm mein Pferd. Ich schritt durch die große Tür der Halle. Ein stiller Diener führte mich durch viele dunkle Wege in Kurven zum Arbeitsraum seines Herrn. Auf dem Weg dorthin sah ich seltsame Dinge. Ich kannte hohe Decken, dunkle Wandbehänge, schwarze Böden und alte Rüstungen; die machten beim Gehen Geräusche. Ich kannte die Dinge schon als Kind. Trotzdem hatte ich eigenartige Gedanken. Auf der Treppe traf ich den Hausarzt. Sein Gesicht sah durchtrieben und verwirrt aus. Er grüßte mich schnell und ging weiter. Der Diener öffnete eine Tür, und ich ging in das Zimmer seines Hausherrn.

Das Zimmer war sehr groß und hoch. Die Fenster waren hoch, schmal und spitz. Sie ragten zu hoch aus dem dunklen Holzboden heraus, um sie von innen zu erreichen. Schwaches rotes Licht fiel durch das Glas und zeigte die großen Dinge im Raum. Aber es war sehr dunkel. Man konnte die Ecken oder die hohe verzierte Decke gar nicht sehen. Dunkle Vorhänge hingen an den Wänden. Der Raum war mit vielen alten, abgenutzten Möbeln ausgestattet. Es standen viele Bücher und Musikinstrumente herum. Aber sie gaben dem Raum kein Gefühl von Leben. Eine tiefe Traurigkeit war überall zu spüren.

Ich trat ein. Usher erhob sich von einem Sofa. Vorher hatte er sich hingelegt. Er begrüßte mich herzlich. Aber zuerst war es alles offenbar zu viel für ihn. Dann sah ich sein Gesicht. Ich wusste, er meinte es ernst. Wir setzten uns. Eine Zeit lang sprach er nicht. Ich sah ihn an. Ich war erstaunt. Ich hatte Mitleid mit ihm. Usher hatte sich in kurzer Zeit sehr verändert. Ich kannte ihn schon als Kind. Doch jetzt sah er aus wie ein anderer Mensch.

Sein Gesicht fiel damals auf. Seine Haut war sehr blass. Seine Augen waren groß, hell und glänzend. Seine Lippen waren dünn und blass, aber schön geformt. Seine Nase war fein mit breiten Nasenlöchern. Sein Kinn war glatt, und wirkte nicht sehr willensstark. Sein Haar war sehr weich und dünn. Sein Kopf war an den Schläfen breit. Dieses Gesicht war unvergesslich.

Jetzt sah er im Gesicht fast wie ein Gespenst aus. Seine Haut war sehr blass. Seine Augen leuchteten hell. Er überraschte und erschreckte mich. Sein Haar war wild gewachsen und fiel über sein Gesicht. Es sah nicht normal aus. Mein Freund benahm sich sehr komisch. Er kämpfte mit seiner Nervosität.

Ich wunderte mich aber nicht so sehr. Ich hatte das in seinen Briefen und seinem früheren Verhalten gemerkt. Sein Körper und seine Stimmung stimmten damit überein. Er wirkte manchmal aufgeregt. Dann war er wieder traurig. Seine Stimme wechselte von zittrig zu stark und klar. Sie klang mal tief und sicher. Dann klang die Stimme wieder aufgeregt. Wie wenn jemand zu viel Alkohol trinkt oder Opium nimmt.

Er fragte, warum ich gekommen war. Und über seinen Wunsch, mich zu sehen. Er glaubte, dass ich ihm helfen könne. Er sprach viel über seine Krankheit. Er meinte, es sei ein Familienproblem. Es gibt kein Heilmittel dafür. Es sind nur die Nerven und es bald geht es wieder weg. Er bemerkte komische und nicht normale Dinge. Er erzählte mir davon. Ich fand es interessant. Aber es verwirrte mich auch. Mich erschreckte sein Tonfall.

Er war sehr zart. Er konnte nur trauriges Essen zu sich nehmen. Er konnte nur weiche Kleidung tragen. Starke Gerüche von Blumen fand er anstrengend. Licht tat seinen Augen weh, sogar wenn es nur schwach leuchtete. Nur zarte Musik von Gitarren oder Geigen machte ihm Freude.

Er hatte die ganze Zeit über große Angst. Er sagte: „Ich werde an dieser schrecklichen Angst sterben. Ich habe Angst vor dem, was passieren wird. Nicht wegen der Ereignisse. Wegen der Gefühle dabei. Kleinigkeiten machen mich sehr nervös. Ich fürchte mich nicht vor der Gefahr. Ich habe Angst vor der Angst. Ich bin so schwach und traurig. Ich werde bestimmt vor Angst verrückt werden."

Er fürchtete sich auch noch vor einer anderen Sache.
Das wurde immer klarer. Er hatte Angst vor seinem eigenen Haus.
Er war seit vielen Jahren nicht mehr draußen gewesen. Das düstere Haus macht ihn verrückt. Da war er sich sicher. Die grauen Mauern und Türme und der dunkle See hatten ihn verändert.

Endlich sagte er, er kennt den Grund seiner Traurigkeit.
Seine Schwester Madeline war seit langem sehr krank. Sie lag im Sterben. Sie war seit vielen Jahren seine einzige Familie und Freundin. Nach ihrem Tod ist er der letzte mit Namen Usher.
Er sprach und sprach. Da ging plötzlich Madeline vorbei.
Sie sah mich nicht. Sie verließ den Raum. Ich war sehr überrascht und ein wenig erschrocken. Ich konnte mir nicht erklären, warum ich so fühlte. Ich fühlte mich wie betäubt. Die Tür ging hinter ihr zu.
Ich suchte das Gesicht ihres Bruders. Aber er versteckte es mit seinen Händen. Ich sah seine sehr blassen Finger und seine Tränen.

Die Krankheit von Madeline verwirrte ihre Ärzte. Sie fühlte nichts und wurde immer dünner. Sie konnte sich manchmal nicht bewegen.
Sie hatte gegen ihre Krankheit angekämpft und das Bett nicht verlassen. In der Nacht meiner Ankunft ging es ihr noch nie so schlecht.
Ihr Bruder sagte mir, sie sei sehr schwach. Ich würde sie nicht mehr wiedersehen. Da war ich mir sicher.

Danach sprachen Usher und ich tagelang nicht über seine Schwester.
Ich meinem Freund wieder gute Laune bereiten. Wir malten zusammen

und lasen Bücher. Er spielte Gitarre. Ich hörte ihm zu.

Ich verstand Usher immer besser. Er war wirklich sehr traurig. Er konnte keine Freude im Leben sehen. Ich werde mich immer an die früheren Zeiten mit ihm erinnern. Sie waren ernst und lustig zugleich. Ich weiß gar nicht ganz genau, was wir zusammen erlebt haben. Er hatte immer wilde Ideen. Das machte ihn seltsam. Seine traurigen Lieder werden mir in Erinnerung bleiben. Er konnte ein schönes Musikstück auf sehr traurige Weise spielen. Auch seine Bilder waren seltsam. Sie machten mir irgendwie Angst. Ich kann das nicht gut mit Worten beschreiben. Sein Kunststil war sehr kraftvoll und fesselnd. Roderick Usher konnte seine Gedanken malen wie kein anderer.

Die Bilder meines traurigen Freundes machten mir Angst. So eine Angst habe ich nicht einmal bei berühmten Bildern gehabt. Eines der klarsten Bilder meines Freundes zeigte einen sehr langen, engen Raum mit glatten, weißen Wänden. Er lag sehr tief unter der Erde. Es gab keinen Ausgang und kein Licht. Zugleich war überall eine gespenstische Helligkeit.

Der kranke Usher hasste alle Musik mit Ausnahme einiger Saiteninstrumente. Das hatte ich erwähnt. Er spielte deshalb nur Gitarre. Seine eigene Musik klang seltsam und fantastisch. Es waren feurige und lebendige Klänge. Seine erregten Nerven waren wohl die Ursache dafür.

Zu seiner Musik fand er oft passende Texte. Dann konnte er besser denken. Ich erinnere mich gut an eines seiner Lieder. Es hat einen starken Eindruck auf mich gemacht. Sein erhabener Geist war in Bedrängnis. Er wusste es selbst am besten. Das Lied hieß „Der Spukpalast“. Es ging folgendermaßen:

1.
In einem sehr grünen Tal,
Dort lebten Engel.
Ein schöner, großer Palast
stand hoch und hell.
Es war im Land der goldenen Gedenken.
Es war dort wie im himmlischen Schloss!
Die Flügel der Engel wehten
über einen so schönen Ort.

2.
Gelbe und goldene Fahnen
wehten auf dem Dach.
Dies war vor langer Zeit.
Und jede sanfte Brise, die spielte an jenem Tag,
trug einen süßen Duft über die Mauern.

3.
Die Leute, die in diesem Tal spazieren gingen
Sahen durch zwei helle Fenster
Geister, die zur Musik tanzen
von einer gut gespielten Laute;
Um einen Thron, auf dem ein weiser König saß.

4.
Die Palasttür glänzte mit Perlen und Rubinen.
Die klugen Worte des Königs warfen süße Echos.
Doch dunkle, schlimme Dinge stießen den König plötzlich vom Thron.
Dämonen statt Herrlichkeit.
Jetzt ist sein einstiger Ruhm nur noch eine Geschichte aus ferner Zeit.
Reisende sehen seltsame Gestalten und hören
merkwürdige Geräusche im Tal.
Eine grauenhafte Gruppe stürmt aus der Tür.

Es sind ekelhaft lachende Geister.

Ich erinnere mich. Ich sprach mit Usher über dieses Lied. Er hatte eine komische Überzeugung: Alle Pflanzen könnten fühlen. Er sponn diese Idee weiter: Auch nicht lebendige Dinge können fühlen.

Er glaubte wirklich, die alten Steine im Haus seiner Familie seien etwas Besonderes. Er hielt die Bauweise für eine bestimmte Absicht. Auch die Pilze auf den Mauern und die alten Bäume haben eine Absicht. Er glaubte, all dies war schon immer so. Man kann dies in der Luft um den See und in den Mauern herum sehen. All' das machte auf ihn und seine Familie schon sehr lange Eindruck. Das hat ihn verändert. Da wurde mir einiges klar. Seine Beschreibungen sprechen für sich selbst.

Auch seine Bücher passen zu diesen seltsamen Vorstellungen. Wir sahen uns viele seiner Bücher gemeinsam an. Sie handelten von Himmel und Hölle, von Wundern, Toten und Geistern.

Eines Abends erzählte Usher mir aus heiterem Himmel, Lady Madeline sei gestorben. Er wollte ihre Leiche zwei Wochen lang in einer Gruft aufbewahren und dann erst beerdigen. Er hatte seine Gründe dafür. Ich wollte diese Gründe nicht genau wissen.

Seine Schwester sollte zuerst in die Gruft, weil sie an einer seltsamen Krankheit litt. Die Ärzte stellten viele Fragen dazu. Der Friedhof der Familie war weit weg und einsam. Ich fühlte mich unwohl. Ich erinnerte mich an das finstere Gesicht bei meiner Ankunft im Haus. Aber ich wollte Ushers Plan nicht aufhalten. Er kam mir vernünftig und normal vor.

Usher bat mich, bei der Beerdigung seiner Schwester zu helfen. Wir legten sie in einen Sarg. Dann trugen wir sie zu zweit zu ihrem

Grab. Das Grab war ein kleiner, feuchter Raum ohne Licht. Er lag tief unter dem Haus, direkt unter meinem Zimmer. Vor langer Zeit benutzten die Menschen ihn als Gefängnis oder zur Lagerung von Schießpulver. Der Boden und die Wände waren mit Kupfer verkleidet. Auch die Eisentür war mit Kupfer verkleidet.

Die schwere Tür schleifte laut beim Öffnen. Es war unheimlich dort. Wir legten Madelines Körper dort ab. Es war so traurig. Wir öffneten den Sarg ein wenig und betrachteten die tote Madeline. Der Bruder und die Schwester sahen sich sehr ähnlich. Usher sagte leise, sie seien Zwillinge gewesen. Sie fühlten sich immer besonders verbunden. Wir sahen uns die tote Frau nicht lange an. Sie war unheimlich. Sie sah aus, als würde sie erröten und lächeln. Aber sie war ja tot. Wir schlossen den Sarg, verriegelten die Eisentür und gingen zurück in die dunklen Räume im Obergeschoss.

Nach einigen Tagen der Trauer begann mein Freund, sich anders zu verhalten. Er tat keine normalen Dinge mehr. Er ging nur schnell und ohne Grund von Zimmer zu Zimmer.

Sein Gesicht sah noch blasser aus. Seine Augen leuchteten nicht mehr. Seine Stimme verlor ihren rauen Klang. Sie zitterte jetzt vor Angst. Manchmal dachte ich, er habe ein großes Geheimnis. Er konnte es wohl nicht teilen. Ihm fehlte der Mut. Dann dachte ich, er ist verrückt geworden. Er starrte stundenlang ins Leere. Er sah aus, als lausche er auf ein Geräusch. Aber es war nichts zu hören. Seine komischen Ängste machten mir auch Angst. Ich konnte mich immer weniger dagegen wehren.

Sieben oder acht Nächte nachdem wir Madeline in die Gruft gelegt hatten, spürte ich die Angst am stärksten. Ich ging spät zu Bett. Ich konnte nicht schlafen. Die Nacht verging langsam. Ich versuchte mich und meine Angst zu beruhigen. Aber es gelang mir nicht.

Ich bildete mir ein, das unheimliche Gefühl kam von der Dunkelheit des Zimmers. Die alten Vorhänge bewegten sich im Wind und machten Geräusche. Aber ich fühlte mich immer noch ängstlich. Mein Körper zitterte, und ich spürte eine starke Angst. Ich verdrängte die Angst, setzte mich hin und schaute in den dunklen Raum. Ich hörte seltsame Geräusche im Lärm des Sturms draußen. Ich wusste nicht, woher sie kamen. Ich fühlte mich sehr ängstlich und zog mich schnell an.
Ich konnte nicht mehr schlafen. Ich lief hin und her. Ich wollte mich besser fühlen.

Ich bin erst ein Stück gelaufen. Da hörte ich jemanden auf der Treppe. Es war Usher. Er klopfte leise an meine Tür und kam mit einer Lampe herein.

Sein Gesicht war sehr blass. Aber seine Augen sahen wild aus.
Er wollte lachen wie ein Verrückter. Sein flammender Blick erschreckte mich. Aber ich war froh, ihn zu sehen. Ich wollte nicht allein sein.

Er sah sich in aller Ruhe um. Dann fragte er auf einmal: „Hast du es nicht gesehen? Du hast es nicht gesehen? Warte! Du wirst es sehen.“ Dann deckte seine Lampe vor dem Sturm ab und öffnete ein Fenster.

Der starke Wind warf uns fast um. Es war eine wilde und schöne Nacht. Der Wind drehte sich oft, und die dicken Wolken hingen tief.
Sie bewegten sich schnell am Himmel. Aber sie entfernten sich nicht weit. Das konnten wir sehen, obwohl die Wolken dicht waren.
Wir konnten nicht den Mond und auch keine Sterne sehen. Es blitzte auch nicht. Die großen Wolken leuchteten in einem seltsamen Licht. Genau wie alles um uns herum. Dieses Licht kam von einem Gas.
Es schien um das ganze Haus herum.

„Du darfst das nicht sehen“, sagte ich zu Usher und zitterte. Ich zog ihn vom Fenster weg und setzte ihn auf einen Stuhl. Ich sagte zu ihm:

„Du bist verwirrt von dem, was du siehst. Es sind nur natürliche elektrische Effekte. Vielleicht kommt es von der schlechten Luft über dem Wasser. Lass uns das Fenster schließen. Die Luft ist kalt und nicht gut für dich. Hier ist ein Buch, das du magst. Ich werde lesen, und du wirst zuhören. Das wird uns helfen, diese unheimliche Nacht zu überstehen."

Das alte Buch war „Mad Trist" von Sir Launcelot Canning. Ich sagte, es werde ihm bestimmt gefallen. Aber das war nicht so. Das Buch war keine Freude zu lesen. Es war aber das einzige weit und breit. Die Geschichte sollte Usher beruhigen. Aber es passte nicht. Das Buch hatte keine tiefen Gedanken. Aber verwirrte Menschen macht das manchmal nichts aus.

Er schien der Geschichte begeistert zuzuhören. Ich konnte mit meinem Vortrag zufrieden sein. Aber da war ich an einer berühmten Stelle der Geschichte angelangt: Ethelred konnte nicht einfach in das Haus des Einsiedlers gelangen. Also wollte er einbrechen.

Die Geschichte geht wie folgt:

„Der tapfere Ethelred fühlte sich vom Wein sehr stark. Er wollte nicht warten und mit dem Einsiedler sprechen. Der Einsiedler war hartnäckig und gemein. Ethelred spürte den Regen und fürchtete den Sturm. Er hob seine schwere Keule. Er schlug hart gegen die Tür und wollte ein Loch bohren. Er brach die Tür auseinander. Das Geräusch des brechenden Holzes konnte man im ganzen Wald hören."

Ich beendete einen Satz und wartete kurz. Im Haus war doch ein fernes Geräusch zu hören?! Es klang wie das Geräusch, von dem Sir Launcelot sprach. Aber es war leise und undeutlich. Ich dachte, es sei nur ein Zufall. Draußen gab es Geräusche vom Sturm. Ich wollte mich nicht stören lassen. Ich las die Geschichte weiter:

„Ethelred kam zur Tür herein. Er war sehr überrascht und wütend. Er konnte den bösen Einsiedler nicht finden. Aber er sah einen großen Drachen mit harter Haut und einer Feuerzunge. Der Drache bewachte einen goldenen Palast mit einem silbernen Boden. An der Wand hing ein glänzendes Messingschild. Es trug diese Worte: ‚Wer hierher kommt und gewinnt, ist ein Eroberer. Wer den Drachen tötet, bekommt den Schild.'

Ethelred schlug dem Drachen mit seiner Keule auf den Kopf. Der Drache fiel um und starb mit einem lauten furchterregenden Schrei. Ethelred hielt sich die Ohren zu, weil der Schrei so laut war. So ein Geräusch hatte er noch nie gehört."

Ich hörte auf zu lesen, weil ich so erstaunt war. Ich hörte auch ein seltsames, langes, raues Geräusch. Ich wusste nicht woher. Es klang wie der Schrei des Drachens aus der Geschichte.

Ich fühlte viele Dinge, wie Schock und Angst. Aber ich blieb ruhig und sagte nichts. Ich wollte meinen Freund nicht erschrecken. Er hatte das Geräusch vielleicht nicht gehört. Ich war mir aber nicht sicher. Aber er veränderte sich plötzlich.

Er stellte seinen Stuhl zur Tür. Ich konnte sein Gesicht nicht gut sehen. Seine Lippen bebten, als ob er flüstern würde. Sein Kopf war gesenkt, aber seine Augen waren weit geöffnet. Er schlief nicht. Er schaukelte leicht hin und her. Ich sah dies alles und erzählte schnell die Geschichte von Sir Launcelot weiter.

In der Geschichte rang der Held mit dem Drachen. Er ging mutig zu einem Schild an der Wand. Der Schild fiel von selbst mit einem lauten Klingeln herunter. Das habe ich laut gesagt. Dann hörte ich sofort ein lautes, tiefes, klingendes Geräusch. Es erschreckte mich, und ich stand schnell auf. Aber Usher torkelte weiter.

Ich lief zu seinem Stuhl. Seine Augen blickten geradeaus. Sein Gesicht war ganz still. Als ich seine Schulter berührte, schüttelte er sich stark. Ein schwaches Lächeln bewegte sich auf seinen Lippen. Er sprach leise und schnell. Er bemerkte mich nicht. Ich beugte mich vor und hörte seine erschreckenden Worte.

„Hörst du das nicht? Ich höre es, und das schon seit langer Zeit. Seit vielen Tagen habe ich es gehört, aber ich hatte zu viel Angst, um es auszusprechen: Wir haben sie lebendig begraben! Ich kann es doch gut hören! Ich habe schon lange ihre schwachen Bewegungen im Sarg gehört. Aber ich hatte Angst. Ich konnte nicht darüber reden. Und heute Abend sind die Geräusche die gleichen wie in der Geschichte. Aber in Wirklichkeit kommt das Geräusch von ihrem Sarg! Er zerbricht und sie versucht herauszukommen! Wohin kann ich fliehen? Wird sie bald kommen? Nähert sie sich? Wird sie mich anklagen? Ich habe zu schnell gehandelt! Höre ich sie schon auf der Treppe? Höre ich schon ihr Herz laut und beängstigend klopfen? Ich muss verrückt sein!“

Er sprang auf und schrie seine Worte, als ob es sein letzter Atemzug wäre. „Verrückt! Sie steht direkt vor der Tür!“

Er redete weiter. Da öffnete sich langsam die große, alte Tür. Es schien wie Zauberei. Aber es war der Wind. Draußen vor der Tür stand Lady Madeline von Usher. Sie trug ein weißes Kleid mit Blutflecken. Sie sah furchtbar aus. Anscheinend wurde sie angegriffen. Sie stand zitternd da. Sie fiel in die Arme ihres Bruders. Beide sanken zusammen tot zu Boden.

Ich rannte verängstigt von dem Haus weg. Der Sturm tobte immer noch. Beim Weglaufen sah ich ein seltsames Licht. Ich schaute zurück. Ich wollte sehen, woher es kam.

Ich sah nur das große Haus hinter mir. Ein heller, voller, roter Mond schien durch den Riss im Gebäude. Der Riss ging jetzt von oben bis unten. Der Riss wurde schnell größer. Ich konnte dabei zusehen. Ein starker Wind blies. Der Mond kam in voller Größe zum Vorschein. Da fielen die großen Mauern des Hauses auseinander. Ich hörte ein furchtbar lautes Geräusch wie rauschendes Wasser. Die zerbrochenen Mauern des „Haus von Usher" fielen in den dunklen See vor mir und begruben das Haus für immer unter sich.

Impressum

Bibliografische Information der Deutschen Nationalbibliothek: Die Deutsche Nationalbibliothek verzeichnet diese Publikation in der Deutschen Nationalbibliografie; detaillierte bibliografische Daten sind im Internet über dnb.dnb.de abrufbar.

Die automatisierte Analyse des Werkes, um daraus Informationen insbesondere über Muster, Trends und Korrelationen gemäß §44b UrhG („Text und Data Mining“) zu gewinnen, ist untersagt.

ISBN 978-3-911420-12-9

Copyright © 2024: aibo publishing GmbH
Kontakt: welcome@aibo-publishing.de
www.aibo-publishing.de

Text in Einfacher Sprache: Dr. Patrick Krause
Design: Andreas Stobbe
Druck: Libri Plureos GmbH, Friedensallee 273, 22763 Hamburg

Mit freundlicher Unterstützung von Eye-Able (eye-able.com).

Wir danken Frau Marie Janiszewski für das Testlesen der Kurzgeschichte „Der Untergang des Hauses Usher“ und die Verbesserungsvorschläge.

Welt-Literatur in Einfacher Sprache

Wir wollen, dass alle Menschen Bücher lesen können.
Auch Menschen, die Probleme beim Lesen haben.
Wir benutzen Einfache und Leichte Sprache.
So können mehr Menschen bekannte Bücher verstehen.

Wir werden viele Bücher in Einfacher Sprache machen.
Wir wollen dafür Computer-Programme nutzen.
Experten werden die Texte dann prüfen.
Sie machen die Texte besser und leichter zu verstehen.
Menschen, die schwer lesen, sollen die Texte testen.
Ihre Meinung ist wichtig.
So wissen wir, ob die Texte gut sind.

Unser Ziel ist es, dass alle Menschen Bücher lesen können.
Jeder soll Bücher der Welt genießen können.
Egal, ob jemand Probleme mit Sprache hat oder nicht.
Unsere Arbeit hilft dabei, dass mehr Menschen Kultur und Bildung bekommen.

Deshalb bringen wir viele Bücher in Einfacher und Leichter Sprache raus, zum Beispiel die auf den folgenden Seiten ...

Theodor Fontane – Effi Briest

Theodor Fontanes bekanntester Roman erscheint zum ersten Mal in Einfacher Sprache. Er entspricht weitgehend der Norm DIN 8581-1. Der Inhalt ist auch typografisch besonders lesefreundlich gestaltet. Das Buch eignet sich für Leserinnen und Leser mit eingeschränkter Lesefähigkeit (LRS) oder Deutsch als Zweitsprache. So können möglichst alle einen der berühmtesten deutschen Romane mit Genuss lesen und verstehen.

„Effi Briest" handelt von Liebe und Freiheit. Eine junge Frau wird früh verheiratet. Sie ist hin- und hergerissen zwischen ihren Gefühlen und den strengen Regeln der Gesellschaft. Ihre Neugier und Lebensfreude ist ihr Schicksal. Sie steht zwischen zwei Männern. Diese liefern sich ein Duell. Das ist eigentlich nicht mehr zeitgemäß. Aber sie kennen keine anderen Prinzipien als die alten.

Der Roman spielt in Deutschland im 19. Jahrhundert. Man kann ihn mit dem russischen Roman „Anna Karenina" oder der französischen „Madame Bovary" vergleichen. „Effi Briest" wurde weltberühmt und öfter verfilmt. Theodor Fontane gilt als Vertreter des poetischen Realismus.

Ausgabe als Taschenbuch
288 Seiten
ISBN 978-3-9826254-7-8
Bestellbar unter https://t.ly/KhmMK

Immanuel Kant – Was ist Aufklärung? Und weitere Schriften: Was heißt: sich im Denken orientieren? Zum ewigen Frieden.

Was ist Aufklärung?

Immanuel Kant lebte in der Zeit der Aufklärung. Die Kirche und der Staat diktierten, wie man leben und denken sollte. Dagegen lehnten sich viele Dichter und Denker auf. Wissenschaftler hatten der Kirche schon viele Fehler nachgewiesen. Dichter wie Voltaire und Denker wie Rousseau sagten: Menschen sollen nicht alles glauben. Dann sind sie nicht frei. Sie klärten die Menschen über ihre eigene Kraft auf: ihren Verstand und ihre Vernunft. Im Denken kann man sich selbst orientieren.

Zum ewigen Frieden.

In Kants Zeit gab es viele Kriege und Revolutionen. Kant glaubte: Die menschliche Vernunft kann Kriege beenden. Dann herrscht für immer Frieden auf der Welt. Er dachte über die Voraussetzungen dafür nach. Auf Basis von diesem Text hat man in New York die Vereinten Nationen gegründet. Sie versucht diesen Frieden auf der ganzen Welt herzustellen.

Ausgabe als Taschenbuch
72 Seiten
ISBN 978-3-911420-03-7
Bestellbar unter https://t.ly/XlGtW

Johann Wolfgang von Goethe – Die Leiden des jungen Werther

Goethes berühmter Briefroman erscheint bei aibo zum ersten Mal in Einfacher Sprache. Der Text entspricht weitgehend der Norm DIN 8581-1. Der Inhalt ist typografisch besonders lesefreundlich gestaltet. Das Buch eignet sich auch für Leserinnen und Leser mit eingeschränkter Lesefähigkeit (LRS) oder Deutsch als Zweitsprache.

Der „Werther“ war Goethes erster Roman.

Er wurde sofort ein Bestseller in ganz Europa. Goethe war da 25 Jahre alt und unglücklich verliebt. Er schrieb den Roman in Briefen. Goethes Held Werther schildert in jedem Brief seine unglücklichen Gefühle.

Werther ist in eine verlobte Frau verliebt. Sie heißt Lotte.
Lotte erwidert seine Gefühle. Aber es ist für die beiden zu spät.
Werther darf seine stürmische Liebe nicht zeigen.
Das bringt ihn zur Verzweiflung. Werther wird zum Außenseiter.
Und Lotte spielt mit seinen Gefühlen. Das ist alles zu viel für ihn …

Ausgabe als Taschenbuch
110 Seiten
ISBN 978-3-911420-07-5
Bestellbar unter https://t.ly/seqL5

Franz Kafka – Ein Landarzt Kleine Erzählungen Die Verwandlung

„Ein Landarzt" ist eine berühmte Sammlung von Kafkas Erzählungen, „Die Verwandlung" seine berühmteste. Franz Kafkas selbst autorisierte Erzählungen erscheinen im Kafka-Jahr 2024 in Einfacher Sprache. Der Inhalt ist typografisch besonders lesefreundlich gestaltet. Das Buch eignet sich für Leserinnen und Leser mit Deutsch als Zweitsprache sowie eingeschränkter Lesefähigkeit (LRS).

In dieser Sammlung können sich die Leser Schritt für Schritt Franz Kafkas Erzählkunst von kurzen Miniaturen bis zur großen Erzählung nähern: Ein Rechtsanwalt heißt wie das Pferd des griechischen Königs Alexander der Große. Scheint er deshalb auch zu reiten? Eine Kunstreiterin reitet scheinbar ewig im Kreis. Ein Bote kommt nie an. Ein Türhüter lässt jemanden ein Leben lang nicht ein, obwohl die Tür nur für ihn da war. Ein Tier verwandelt sich zum Überleben in einen Menschen. Und ein Mensch in ein Tier. Ein Vater ist mit allen seinen elf Söhnen unzufrieden. Und Joseph K. träumt …

Ausgabe als Taschenbuch
98 Seiten
ISBN 978-3-911420-16-7
Bestellbar unter https://t.ly/4GIVt

Jacob und Wilhelm Grimm – Deutsche Märchen

Der amerikanische Psychologe Joseph Campbell analysierte etliche Mythen und Märchen der Welt und fand überall die gleichen Themen: die Fragen und Bedürfnisse der menschlichen Seele. Das gilt auch für die Märchen der Brüder Grimm. Deshalb sind sie heute noch aktuell.

Märchen sind Geschichten zum Weitererzählen. Die Kinder- und Hausmärchen der Brüder Grimm erschienen zwischen 1812 und 1858. Erst sammelten die Romantiker Clemens Brentano, Achim von Arnim und Johann Friedrich Reichardt lauter Liedtexte für ihren Sammelband „Des Knaben Wunderhorn“. Dann sollten die Brüder Grimm ihr Werk fortsetzen. Jacob und Wilhelm Grimm sammelten hunderte deutsche Volksmärchen und schrieben sie in einheitlichem Stil nieder.
Mit ihren mehr als 200 Geschichten schufen die Gebrüder Grimm eine eigene deutsche Mythologie. Ihre Märchen wurden bald in allen deutschen Haushalten vorgelesen. Die Parabeln enthalten unzählige Lehren.

Diese Auswahl von „Grimms Märchen“ erscheinen hier in Einfacher Sprache. Der Text entspricht weitgehend der Norm DIN 8581-1.
Der Inhalt ist typografisch besonders lesefreundlich gestaltet und reich bebildert.

Ausgabe als Taschenbuch
140 Seiten
ISBN 978-3-911420-21-1
Bestellbar unter https://t.ly/5k6tL

Lewis Carroll – Alice im Wunderland

Nonsens, Satire und logische Verdrehungen: Seit 160 Jahren begeistert Lewis Carrolls fantasievolle Kindergeschichte „Alice im Wunderland“ Kinder, Eltern sowie Vertreter von Kunst, Literatur und Popkultur. Die Abenteuer und Begegnungen der kleinen Alice nach ihrem Sprung in den Kaninchenbau haben schon kurz nach ihrer Erscheinung Oscar Wilde, Queen Victoria und später die Surrealisten, James Joyce oder auch John Lennon fasziniert. Im sittenstrengen 19. Jahrhundert war es außer der Norm, einmal alle Regeln der Wissenschaften und der Vernunft auf den Kopf zu stellen; und gerade deshalb wurde das bunt illustrierte „Alice im Wunderland“ wohl zu solch einem Erfolg.

Der vielseitige Lewis Carroll wurde schon als Kind als Genie gehandelt, war in Mathematik wie in Theologie bewandert. Auch die Fotografie fesselte ihn. Beruflich wurde er Diakon. Bei einer Bootsfahrt auf der Themse zwangen ihn die Kinder seines Dekans – unter ihnen Alice Liddell – eine Geschichte zu erzählen und buchstäblich immer weiter zu spinnen. So entstand „Alice im Wunderland“, eines der erfolgreichsten Kinderbücher aller Zeiten.

Der Inhalt ist mit digitalen Illustrationen reich bebildert.

Ausgabe als Taschenbuch
136 Seiten
ISBN 978-3-911420-23-5
Bestellbar unter https://t.ly/-MCY0

Thomas Mann – Der Tod in Venedig

Gustav von Aschenbach ist ein bekannter Schriftsteller.
Er lebt sehr diszipliniert und für seine Arbeit.
Auf einer Reise nach Venedig begegnet er dem Jungen Tadzio.
Aschenbach bewundert seine Schönheit.
Er denkt über Kunst, Leben und Vergänglichkeit nach.
Die Bewunderung verändert ihn. Er verliert seine innere Ordnung.
In Venedig breitet sich eine gefährliche Krankheit aus.
Viele Menschen reisen ab. Aschenbach bleibt.
Die Geschichte handelt von:
- Schönheit und Vergänglichkeit,
- Vernunft und Gefühl,
- Leben und Tod.

„Der Tod in Venedig" ist eine stille, nachdenkliche Geschichte.
Sie zeigt, wohin Gefühle einen Menschen führen können.

Dieses Buch erscheint zum allerersten Mal in Einfacher Sprache.
Der Text entspricht weitgehend der Norm DIN 8581-1.
Der Inhalt ist typografisch besonders lesefreundlich gestaltet.
Das Buch eignet sich auch für:
- Leser und Leserinnen mit eingeschränkter Lesefähigkeit (LRS),
- Menschen mit Deutsch als Zweitsprache.

Ausgabe als Taschenbuch
124 Seiten
ISBN 978-3-911420-56-3
Bestellbar unter https://t.ly/bdFJv